한시자서전
民草의 生涯

민초 생애
음과 해석 · 주해

송암 권영태

Edia

한시 자서전을 쓰면서

　벌써 저의 나이가 80이라는 문턱을 넘어섰습니다. 그러나 저는 가끔 뒤를 돌아봅니다. 걸어온 길이 보이지는 않아도 아스라이 멀어진 풍경과 기억 속에서 더러는 선명하게 생각나는 장면들도 남아 있습니다. 따라서 보잘것없는 민초가 자서전이라는 커다란 그림을 그린다는 것이 민망스럽고 또한 부끄럽습니다.

　나이가 들면 달라지는 것이 여러 가지가 있지요! 온몸이 내 마음 내 뜻대로 움직일 수 없고 여기저기 쑤시고 아픈 곳이 어디인지도 모르고 셀 수도 없으니. 또한 기억력은 어떤가요. 조금 전에 둔 물건도 어디에 두었는지 기억이 없어 한참동안 생각해야 하고, 따라서 내 기억력이 요만큼이라도 남아 있을 때 내가 걸어온 길을 회상하면서 글로 남겨보아야 하겠다는 일념 하에 한시로 옮기며 또한 누구나 쉽게 읽을 수 있도록 음과 해석을 달았고 註解(주해)도 덧붙였습니다.

　자서전의 시를 쓰면서 진실만을 쓰려니 가끔은 簾(염)과 對(대)가 맞지 않는 곳도 더러 있을 것입니다. 그 점 양지해 주시기 바랍니다.

2023년 봄날에
송암 권영태

目次 목차

01 開花 卽落何 (개화 즉락하) · 006
02 祖母 育兒漏 (조모 육아루) · 008
03 迎 解放 (영 해방) · 009
04 父再娶 (부 재취) · 011
05 音 幼蒙泣涕 (음 유몽읍체) · 012
06 國民學校入學 (초등학교 입학) · 014
07 韓國戰爭 (한국전쟁) · 015
08 漢學入門 (한학입문) · 017
09 國校卒業 中校進學 (초등학교 졸업) · 019
10 姉忽然失明 (자 홀연 실명) · 021
11 雲巖寺 道人 (운암사 도인) · 023
12 中學校復學 (중학교 복학) · 026
13 姉結婚式 (자 결혼식) · 028
14 中學校卒業 (중학교 졸업) · 030
15 自暴自棄 (자포자기) · 032
16 獨竪自活 (독수 자활) · 034
17 鑛夫 (광부) · 036
18 家親別世悔恨 (가친별세 회한) · 039
19 軍入隊脫營 (군입대 탈영) · 041

20 軍隊生活 (군대생활) · 044
21 1.21事態 (1.21 사태) · 046
22 進路開拓 (진로 개척) · 048
23 結婚 (결혼) · 050
24 社會生活初年生 (사회생활 초년생) · 052
25 一次職業變更 (일차 직업변경) · 054
26 女兒眼疾患 (여아 안질환) · 056
27 建築業徒業 (건축업 사업) · 058
28 祖母任逝去 (조모님 서거) · 060
29 無有創造 (무유 창조) · 062
30 天幕生活 (천막생활) · 064
31 舍弟上京 (사제 상경) · 066
32 舍弟債務辨濟 (사제 채무변제) · 068
33 孫不顧 祖母 (손불고 조모) · 070
34 遺風奉崇 (유풍봉숭) · 073
35 自動車購買 (자동차구매) · 075
36 共同住宅入住 (공동주택 입주) · 077
37 女息事故 重傷 (여식사고 중상) · 079
38 末弟結婚式 (말제 결혼식) · 082

39 長男就職結婚 (장남취직결혼) · 084
40 次男脫彷徨 (차남 탈 방황) · 086
41 組母 思慕吟 (조모 사모음) · 088
42 自歎 (자탄) · 090
43 開發獨裁 (개발독재) · 092
44 都市農夫 (도시농부) · 094
45 建築業中斷 (건축업 중단) · 095
46 書藝界入門 (서예계입문) · 097
47 老後對策 (노후대책) · 099
48 癌鬪病 (암 투병) · 101
49 母親別世 (모친별세) · 103
50 喜壽宴 (희수연) · 105
51 叔母任 召天 (숙모님 소천) · 107
52 大統領彈劾 (대통령탄핵) · 109
53 論大選世情 (논 대선세정) · 111
54 春風和暢 (춘풍화창) · 114
55 春日登山 (춘일등산) · 116
56 黃昏餘生嗜 (황혼여생기) · 118
57 雨水 (우수) · 121

58 希望 (희망) · 123
59 尹錫悅大統領就任 (윤석열대통령 취임) · 125
60 思慕吟 (사모음) · 127
61 二次癌鬪病 (2차 암투병) · 129
62 濟州旅行 (제주여행) · 131
63 老年日居月諸 (노년 일거월제) · 134
64 擇友 (택우) · 136
65 秋吟 (추음) · 137
66 獨秀松柏 (독수송백) · 139
67 內子自誇 (내자자과) · 141
68 同氣莫背叛 (동기 막배반) · 143
69 人生無常 (인생무상) · 145
70 吾唯知足 (오유지족) · 147
71 詠野生花草 (영 야생화초) · 149
72 黃昏 (황혼) · 152
73 送寅迎卯 (송인영묘) · 154
74 春花 (춘화) · 156
75 夕陽 (석양) · 158

開花卽落何 (개화 즉락하)
어찌하여 꽃이 피었다가 즉시 떨어지는가

芳齡夭折世如空 (방령요절 세여공)
꽃다운 나이에 요절하니 온 세상이 공허함 같고

男妹蒙遺離似風 (남매몽유 리사풍)
어린 남매 남겨놓고 바람처럼 떠나버렸네

懿媛危夫非報早 (의원위부 비보조)
아내의 위중함을 남편에게 알리지 못하였고

男便痛室莫知終 (남편통실 막지종)
남편은 아내의 아픔과 죽음을 알지 못하였네

慈喪幼孩居吞水 (자상유해 거탄수)
엄마 잃은 어린아이 물만 삼키고

獨媼孫兒抱眺嵩 (독온손아 포조숭)
할머니는 홀로 손자를 끌어안고 먼산만 바라보네

卽落開花爲豈稚 (즉락개화 위기치)
꽃이 피었다가 바로 떨어지니 이 어린것을 어찌하며

米無米飮哺無窮 (미무미음 포무궁)
쌀이 없어 미음도 먹일 수 없이 빈궁하였다네

懿 아름다울 의 **媛** 여자 원, 예쁠 원 **疼** 아플 동 **稚** 어릴 치 **眺** 바라볼 조 **哺** 먹일 포
吞 삼킬 탄 **嵩** 높은산 숭 **懿媛** 아름다운 덕행을 갖춘 여자 **芳齡** 꽃다운 나이

註解
01 開花卽落 (개화 즉락)

내 위에 세 살 많은 누나가 있다. 누나가 태어나고 2년 후에 아버지는 仲父任(작은아버지)과 함께 일본에 징용으로 가셨다. 그리고 나는 1944년 1월 4일(陰曆 1943년 癸未年 12월 9일) 태어났다. 내가 태어난 후 일 년도 채 되지 않아 엄마는 병석에 누우셨고 내가 첫돌이 지나고 이듬해 생후 15개월 만에(음력 3월 29일) 엄마는 이 세상을 하직하셨다. 아버지와 작은아버지 두 분은 일본에 가시고 季父任(막내삼촌)께서 엄마의 장례를 치르셨다고 한다. 장지는 마을 앞에 있는 마을 공동묘지였다.

엄마의 나이 27세 꽃다운 나이에 꽃이 피었다가 볕도 보지 못한 채 요절하였으니 이 얼마나 애통하고 원통하고 한이 맺혔을까를 생각하면 내 지금 傘齒(80)를 바라보는 나이가 되니 가슴이 미어지고 뼈에 사무치게 다시 한번 부모님이 그립고 보고파진다. 아버지는 엄마의 죽음도 모른 채 일본에 있었고 엄마 잃은 나는 젖도 먹지 못하고 동네 엄마들의 동냥젖을 가끔 얻어먹기도 했단다.

생후 15개월에 엄마를 잃었으니 할머니는 핏덩이 같은 나를 끌어안고 눈물만 흘리고 정신이 나간 사람같이 멍하니 앉아서 울기만 했다고 회고 하셨다. 집에 가장이 없고 또한 춘궁기라 가난하여 양식이 떨어져 보리쌀로 아침밥 저녁죽으로 연명하고 있으니 미음도 끓일 쌀이 없어서 이웃집에서 조금씩 준 것과 또 면사무소 가서 배급쌀 한 됫박 받아와서 그것으로 미음 끓여 먹여서 나를 살렸다네. 이렇듯 힘들고 어렵게 할머니의 공덕으로 죽지 않고 살아났다네. 이런 할머니께 효도도 제대로 못한 것이 지금은 내 가슴에 恨이 되고 안타깝고 응어리로 남아있네.

祖母育兒漏 (조모 육아루)
조모님의 육아 눈물

東窓前晃故成先 (동창황 고성선)
동창이 밝기도 전에 먼저 고인이 되고

雲雀啼哀泣共全 (운작제애 읍공전)
운작도 슬피 울고 모두가 함께 울었다네

祖母顧兒澌淚最 (조모고아 시루최)
할머니는 아이 돌보는 데 눈물로서 최선을 다하고

懿媛離世滿悲專 (의원이세 만비전)
의원이 세상을 떠나니 오로지 슬픔만 가득하네

春窮血族無米惜 (춘궁혈족 무미석)
춘궁기라 혈족들은 쌀이 없어 애석해하고

救援隣家哺乳憐 (구원인가 포유연)
구원에 나선 이웃들 불쌍히 여겨 동양젖 먹였다네

配給承米米飮活 (배급승미 미음활)
배급쌀 받아서 미음으로 살리려 하나

長期不食骨餘乾 (장기불식 골여건)
장기간 먹지 못해 말라서 뼈만 남았다네

澌 다할 시   憐 불쌍히 여길 연   隣 이웃 인   淚 눈물 루   惜 애석할 석   晃 밝을 황
哺 먹일 포   雲雀 종다릿과의 새

迎 解放 (영 해방)

解放歸爺訪母封 (해방귀야 방모봉)
해방되어 아버지는 어머니 무덤 찾으니

嗚呼痛哭拜漣濃 (오호통곡 배연농)
오호라 절하며 통곡하니 짙은 눈물만 흐르네

幼兒襁褓遺藏跡 (유아강보 유장적)
강보유아 남기고 자취를 감추니

男妹嬰孩眺痺胸 (남매영해 조비흉)
어린 남매 바라보니 가슴만 저려오네

强制徵兵疲弊積 (강제징병 피폐적)
강제징병으로 피폐함만 쌓였고

植民統治奪財重 (식민통치탈재중)
식민통치로 소중한 재물 탈취당했다네

爭鋒槿域探爲族 (쟁봉근역탐위족)
나라와 겨레를 찾기 위해 쟁봉하니

勝戰聯軍光復逢 (승전연군광복봉)
연합군이 승전하여 광복을 맞이하였네

爺 아버지 야　**漣** 잔 물결 연, 눈물 흘리다 연　**襁** 포대기 강　**褓** 포대기 보　**眺** 바라볼 조
痺 저릴 비　**弊** 폐단 폐　**襁褓幼兒** 포대기에 싸여 양육되는 어린아이
爭鋒 적과 창검으로 싸워 다툼

註解
03 解放 (해방)

  식민통치로 재물은 모두 약탈당하고 남자들은 모두 강제징용으로 끌려 가서 백성들의 삶은 피폐해질 대로 피폐해져서 모두가 지쳐있을 때 미국 연합군의 일본 히로시마 원자폭탄 투하로 일본제국주의 천황이 무조건 항복이라는 말을 함으로 승전하여 우리나라도 해방을 맞이하였네.

  해방이 되어 아버지는 귀국하여 어머니의 무덤을 찾아가서 절하니 슬픈 마음 가눌 길 없어 눈물만 흘렸다네. 강보유아 어린 남매 남기고 가버리면 나는 어떡하느냐고 울부짖으며 통곡하며 핏덩이 어린 남매를 나 혼자 어떻게 키우란 말인가 라며 어머니 무덤 앞에 한동안 멍하니 앉아서 눈물만 흘리고 있었다고 하였네.

04

父 再娶 (부 재취)

再娶四歲父深思 (재취사세 부심사)
네 살 때 아버지는 재취를 깊이 생각하고

新婦新迎極禮儀 (신부신영 극예의)
신부를 예의를 다해 새로 맞이하였다네

妙齡婚姻尊訓屋 (묘령혼인 존훈옥)
나이 어려 혼인하여 집에서 어른들 가르침 받고

嬰孩繼母媽成籬 (영해계모 마성리)
계모는 영해의 엄마로서 울타리가 되었네

樊籠襲子前生業 (번농습자 전생업)
자식으로 인하여 번농한 것이 전생의 업보인지

裂罅關姑現世兒 (열하관고 현세아)
시모와의 관계 틈이 간 것 현세의 아이 때문일세

媼媳紛爭尤極甚 (온식분쟁 우극심)
시어머니와 며느리 다툼은 더욱 극심해지니

姥孫爲活盡誠慈 (모손위활 진성자)
할머니는 손자 살리려 사랑과 정성을 다하였다네

媽 어머니 마 **籬** 울타리 리 **樊** 울타리 번 **籠** 새장 롱 **裂** 찢을 열 **罅** 틈 하
襲 젖을 습. 因하다 습 **姥** 할머니 모 **媼** 할머니 온 **媳** 며느리 식 **妙齡** 20세 전후의 여인
樊籠 번뇌에 묶여 자유롭지 못함 **裂罅** 깨져서 틈이 남

音 幼蒙泣涕 (음 유몽읍체)
어린아이의 울음소리

雲雀鳴悽化落暉 (운작명처 화락휘)
운작이 슬피우니 락휘가 되고

隹伊失母泣无飛 (추이실모 읍무비)
저 새도 엄마 잃고 날 수 없어 우는구나

童孩泣涕嫌全咄 (동해읍체 혐전돌)
아이의 울음은 모두가 꾸짖으며 싫어하니

山鳥音啼厭總非 (산조음제 염총비)
너희(산새)들 울음소리는 싫어하지 아니하네

鬪很婦姑尤深化 (투흔부고 우심화)
고부간의 다툼은 더욱 깊어지고

昭蘇孫媼復生威 (소소손온 부생위)
죽어가는 손자 할머니의 공덕으로 다시 살아났네

步初五歲偕初語 (보초오세 해초어)
다섯 살에 첫걸음과 말도 함께 하였고

七齒天文父訓歸 (칠치천문 부훈귀)
칠세에 아버지의 가르침으로 천자문 마쳤네

悽 슬퍼할 처　泣 울 읍　涕 눈물 체　嫌 싫어할 혐　啼 울 제　很 다툴 흔　媼 할머니 온
蘇 되살아날 소　咄 꾸짖을 돌　威 위엄 위. 공덕 위　落暉 지는 해　雲雀 종다릿과의 새
泣涕 소리 내지 않고 눈물 흘리며 욺　鬪很 서로 다투고 싸움　昭蘇 거의 죽어가다 살아남

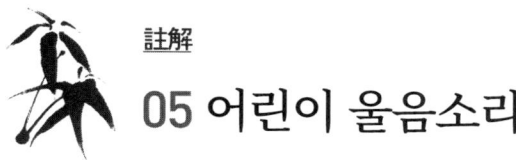

註解
05 어린이 울음소리

　엄마가 돌아가시고 내가 4살 때 아버지는 재취를 하셨다고 한다. 내가 엄마젖도 먹지 못하고 미음도 제대로 못 먹으니 몸은 부실하고 자꾸만 아프고 이러니 계속 울었다고 한다. 할머니께서는 어미 없는 손자가 불쌍해서 끌어안고 달래고 하니 새엄마는 그것이 보기 싫고 마음에 들지 않는 것 같았다고 한다. 그래서 할머니와 새엄마 간에 다툼이 시작되었다. 언제나 나 때문에 고부간의 갈등이 초래되어 싸움으로 번져서 가정불화가 끊이지 않았다고 한다.
　내가 울면 아버지는 나를 들어서 밖에 마당에다 내놓았다고 한다. 그러면 할머니는 울면서 나가서 나를 안고 들어오고 이런 일이 반복되니 할머니와 아버지와의 갈등도 생기고 고부간의 다툼은 점점 더 심해졌다고 한다. 동네 사람들 모두가 저 집 아기는 살아나지 못할 거라고 했다네.
　그렇게 새엄마가 싫다고 해도 할머니는 나를 지극정성으로 돌보았기에 그런 할머니의 공덕으로 나는 다시 소생할 수 있었다고 회상하셨다. 다섯 살이 돼서 말도 하고 첫걸음마도 했다고 한다. 7살이 되어서는 아버지께서 천자문을 가르쳐 주셨다. 아버지께 천자문을 배운 것은 지금도 기억이 생생하다. 국민학교 들어가기 전에 천자문을 마치고 童蒙先習도 배웠다. 여기까지는 아버지로부터 천자문을 배운 것은 기억이 생생하지만 다른 것은 내가 커서 초등학교에 다닐 때 할머니와 두 분 숙모님과 마을 사람들이 이야기해 주어서 알게 되었다. 이렇게 힘든 유년생활을 보내서 그런지 어른들이 얘기해 준 것을 지금도 생생하게 기억한다.

國民學校入學 (국민학교 입학)

초등학교 입학

學校家親共往初 (학교가친 공왕초)
아버지와 함께 학교에 처음 가니

草堂草席坐偕諸 (초당초석 좌해제)
초당초석에 모두 함께 앉았네

案無室內笑兒亮 (안무실내 소아량)
책상도 없는 교실에서 아이들은 밝게 웃고

苫有空間志幼舒 (점유공간 지유서)
거적만 있는 공간에서 어린이들 뜻을 펼치네

算數工夫易習字 (산수공부 이습자)
산수 공부 글자 익히기는 쉬웠고

敎科國語難諳書 (교과국어 난암서)
국어교과서는 쓰고 외우는 것이 어려웠네

新朋際會承師訓 (신붕제회 승사훈)
새로운 친구를 제회하여 선생님의 가르침 받고

祖母歸家擁我胥 (조모귀가 옹아서)
귀가하니 할머니는 나를 안고 기뻐하셨네

偕 함께 해 **淡** 맑을 담 **舒** 펼 서 **諳** 외울 암 **擁** 안을 옹 **胥** 기쁠 서 **苫** 거적자리 점
亮 밝을 량 **際會** 좋은 때에 만남 **草堂** 초가집 **草席** 짚으로 엮어 만든 자리

07

韓國戰爭 (한국전쟁)
한국전쟁

歡聲解放暫危新 (환성해방 잠위신)
해방의 환성도 잠시뿐 새로운 위기가 오니

六月庚寅亂起晨 (유월경인 난기신)
경인년 유월 새벽 난이 일어났네

分斷朝鮮衝突續 (분단조선 충돌속)
조선은 분단되어 충돌이 이어지고

南侵北傀戰爭淪 (침공북괴 전쟁윤)
북괴의 남침으로 전쟁에 빠졌네

負男戴女離尋域 (부남대여 이심역)
남부여대하고 거처할 곳 찾아 떠나니

避敵擁孩走總民 (피적옹해 주총민)
적을 피해 어린아이 안고 모든 백성 달아나네

銃砲彈丸隣近落 (총포탄환 인근락)
총포의 탄환이 인근에 떨어지고

索居袋糗努擔眞 (색거대구 노담진)
살 곳 찾아 미숫가루 자루 메고 참으로 힘들었네

淪 빠질 윤　**戴** 일 대　**擁** 안을 옹　**袋** 자루 대　**糗** 볶은 쌀 구, 미숫가루 구　**擔** 멜 담
都 도읍 도, 모든 도　**索居** 사람을 피하여 한적한 곳을 찾음

註解
07 國民學校入學과 韓國戰爭

　아버지와 함께 처음으로 초등학교 입학식에 갔다. 누나는 2학년 되고 나는 1학년 입학이다. 그런데 학교는 초가집이고 내부에는 책걸상도 없고 거적자리만 깔려있다. 아무것도 모르는 아이들은 그래도 좋다고 거적자리에 앉아서 공부를 하였다. 수업을 마치고 집에 오니 할머니가 마중 나와서 반갑게 나를 만나 안아주셨다.

　이때가 庚寅年이었다. 학교도 몇 달 다니지 않았고 또한 해방된 지도 얼마 되지 않아 해방의 기쁨도 잠시뿐 경인년 6월 25일 북한 괴뢰집단이 남침을 하였다. 국민들은 모두 남부여대하고 피난길에 나섰고 북한 인민군들을 피해서 밭둑길 논둑길로 숨어서 가는데 여기저기서 포탄과 총성이 펑펑 들려도 남으로 남으로 발길을 옮겨야만 했다. 어른들은 양식과 간단한 주방기구 이부자리를 이고 지고 나는 보리 미숫가루 한 包袋를 지고 갔다. 어디까지 갔는지는 알 수 없지만 약 10여 일이 지나서 집으로 돌아온 것 같다.

　피난을 가기 직전 인민군인들이 남한에 많이 퍼져 있었던 것 같았다. 우리 마을에 작은 아버지 친구이신 정OO 씨는 인민군에 가입해서 활약할 때, 나는 소 풀을 먹이러 소를 몰고 개천가에서 소가 풀을 뜯어 먹을 수 있게 방목했다. 소가 풀을 뜯어 먹고 있는데 인민군들 10여 명이 총을 메고 길을 가면서 그중 한 사람이 우리 소를 가리키면서 저 소 잡자 하면서 총을 겨눈다. 나는 깜짝 놀라 "안 돼요"하면서 소리치자 한 분이 그 사람을 가로막으면서 이 소는 안된다고 하면서 조금 더 내려가면 좋은 소가 있으면 그때 잡자고 한다. 그때 그분은 우리 마을에 살던 정모씨였다. 그분도 나를 알고 나도 그분을 알았기에 그분이 그렇게 말을 해줘서 소를 잃지 않아 참으로 고마웠다. 그분 아들은 나보다 3살 아래다. 그 후 전쟁이 끝나고 그분은 북한으로 넘어간 것 같다. 그 후로 그분의 생사는 알 수가 없었다. 피난길은 너무나 험난했다. 가다가 날이 저물면 밭둑 밑에 자리 잡고 거적때기 깔고 나무 주워서 불을 피워 밥을 해 먹고 불을 피울 수 없을 때는 냇가에 가서 물 한바가지 퍼 와서 미숫가루로 한 끼를 때우고 이렇게 험난한 피난길을 마치고 집으로 돌아오는데 피난과정이 너무 힘들고 공포스러웠다. 그래서 나는 아버지께 나도 나중에 군대를 가야할까 라고 물었는데 아버지께서는 너희들 군에 갈 때까지 통일이 안 되면 어떡하냐 라고 하셨는데 나는 물론이고 내 아들도 갔다 오고 손자까지 군에 가야할 때가 되었다.

08

漢學入門 (한학입문)

沖年入室化書堂 (충년입실 화서당)
충년에 서당에 입학하게 되었고

晨起師家讀習章 (신기사가 독습장)
새벽에 일어나 스승님 댁 가서 글을 읽고 익혔네

白首童蒙受敎固 (백수동몽 수교고)
천자문 동몽선습 확고한 가르침 받고

明寶小集有譜强 (명보소집 유암강)
명심보감 소학집주 힘써 깨우쳤네

午前學校遊朋會 (오전학교 유붕회)
오전엔 학교 가서 벗들과 모여 놀고

以後歸家放牧行 (이후귀가 방목행)
오후엔 귀가하여 소 풀 먹이러 가네

燈盞工夫心血盡 (등잔공부 심혈진)
등잔불 밑에서 심혈을 다해 공부해서

舊新文共法官望 (구신문공 법관망)
신구 학문을 함께 해 내 희망은 법관이었네

燈 등 등　**盞** 잔 잔　**譜** 외우다 암, 깨우치다 암　**沖年** 열 살 안팎의 어린 나이　**白首文** 천자문
燈盞 석유를 담아 등불을 켜는 도구

註解
08 漢學入門 (한학입문)

　내 나이 13살(檀紀 4291년 西紀 1958년) 5학년 때 서당에 입문하여 새벽에 일어나서 스승님 댁에 가서 글(동몽선습과 명심보감)을 배우고 식사 후에 학교에 가서 학교 수업을 마치고 귀가하면 봄 여름 가을 3계절엔 소 몰고 소 풀 먹이러 산이나 개천가로 가서 소가 풀을 뜯어 먹는 동안 나는 가지고 간 책을 읽었다.

　그러다 해 질 무렵이면 소를 몰고 집으로 돌아온다. 저녁을 먹고 추울 땐 방에서 더울 때는 마당에서 멍석을 깔고 등잔불을 켜놓고 공부한다. 부잣집에서는 남포등을 켠다. 등잔불은 장점보다 단점이 더 많다. 장점은 석유가 적게 소모된다는 것뿐이고 단점은 바람이 불면 불이 꺼지고 또 남포등보다 불이 어둡다. 반면 남포등은 석유 소모가 많고 바람이 불어도 잘 꺼지지 않고 밝다. 우리 집은 아예 남포등이 없었다. 그야말로 晝耕夜讀 완전한 주경야독은 아니었지만.

　이렇게 해서 초등학교 졸업할 때까지 천자문, 동몽선습, 명심보감을 다 배웠다. 참고로 훈장 선생님의 수강료는 여름에 보리 한 말 가을에 벼 한 말(大斗)이었다.

　중학교는 아버지께 안동에 있는 안동사범고등학교 병설중학교에 가겠다고 말씀드렸다. 병설중학교를 졸업하고 사범고등학교를 진학해서 졸업하면 초등학교 교사가 된다고 말씀드렸더니 승낙을 하셨다. 내 희망은 교사를 하면서 독학으로 법학을 공부해서 고등고시 시험을 봐서 법관이 되는 것이 내 꿈이었다. 지금 생각해 보면 어린 나이에 어찌 그런 큰 꿈을 그렸을까 하는 생각을 해 본다. 하지만 이런 내 꿈은 산산조각 나고 말았다.

09

國校卒業 中校進學 (국교졸업 중교진학)

於焉歲月六年終 (어언세월 육년종)
어언 육 년 세월 마치고

卒業榮光受性暉 (졸업영광 수성휘)
영광의 졸업장을 받으니 마음이 밝아지네

竝設入行中等願 (병설입행중등원)
안동사범 병설중학교 가는 것 원했고

師高完畢敎員希 (사고완필 교원희)
사범고 마치고 선생님 되는 것을 희망하였네

先生法習官將策 (선생법습 관장책)
선생하며 법 공부하여 장차 관직을 계책하였으나

學費工夫莫失機 (학비공부 막실기)
학비가 없어 공부할 기회를 잃었네

歷月安平披校服 (역월안평 피교복)
한 달이 지나 안평중학교 교복을 입게 되었고

貳年終了退因饑 (이년종료 퇴인기)
이학년 마치고 흉년으로 인하여 자퇴하였네

饑 주릴 기, 흉년 기 **暉** 밝을 휘

註解
09 초등학교 졸업과 중학교 입학

    그때는 중고등학교를 진학할 때 해당학교에 원서를 넣고 시험을 봐서 합격을 해야 입학이 허가될 때이다. 친구들과 어느 날 안동사범학교에 가서 원서를 쓰러 가기로 약속을 하였는데, 아버지께서 중학교 못 간다고 하신다. 그야말로 청천벽력이었다. 그러면 대신 안평중학교라도 보내 달라고 하였으나 그것도 안 된다고 하신다. 아마도 이것은 어머니가 반대해서 아버지가 어머니 뜻을 반대할 수가 없어서 그러시는 것 같았다. 너무나 절망적이라 그 후 나는 식음을 전폐하고 앓아누웠다.

    할머니와 어머니는 또 다툼이 시작되고, 어느 날 싸우지 않는 날이 없었다. 그럭저럭 한 달이 흘러갔다. 아버지께서 네가 정 그렇게 학교 다니고 싶으면 가라고 하신다. 그 말씀을 듣고 나니 기운이 생긴다. 벌떡 일어나서 학교에 갔다. 학교까지는 10리(4km)이다. 안평중학교는 다행히 신입생이 정원 미달이었다. 곧바로 입학 허가를 받고 교복은 할머니가 나 중학교에 가면 옷 만들어 주려고 무명베 한 필을 검정물감을 들여서 해 놓은 것이 있어서 그걸 가지고 할머니가 삯바느질 하는 집에 찾아가서 내 교복을 만들어 주셨다. 다른 친구들보다 한 달이나 늦게 입학했으니 학습효과가 그만큼 떨어졌다. 하지만 2학년이 돼서 또 공납금이 3기분이 밀렸다 하는 수 없이 자퇴를 하고 말았다. 집에서 아버지 농사일 좀 도와드리고 한문 서당에 다니면서 산에 가서 長斫(장작)을 해서 팔고 칡넝쿨도 걷어 와서 팔고 속새뿌리도 캐서 팔아서 중학교 과정 중앙강의록에 들어가서 강의록으로 중학교 2,3학년 과정을 마쳤다.

10

姉 忽然失明 (자홀연실명)
누나의 갑작스런 실명

朝孰啼非視眼呼 (조숙제비 시안호)
어느 날 아침 눈이 보이지 않는다고 울며 부르짖으니

大驚家族起諸扶 (대경가족 기제부)
크게 놀란 가족 모두가 일어나서 부축하였네

芳齡裂臆失明若 (방령열억 실명약)
꽃다운 나이에 실명하니 가슴이 찢어지는 것 같고

姉態疼心止淚無 (자태동심 지루무)
누나 모습 보니 마음 아파 눈물이 그치질 아니하네

病院東山應急直 (병원동산 응급직)
대구동산병원 응급실로 바로 가서

療治上月有知紆 (료치상월 유지우)
한 달 이상 치료해 봐야 알겠다니 답답하기만 하네

靑天霹靂妹何愍 (청천벽력 매하민)
청천벽력이다 가엾은 내 누나 어찌할고

萬里將來望更蘇 (만리장래 망갱소)
장래가 만리인데 다시 소생하길 바랄 뿐이네

裂 찢어질 열　臆 가슴 억　愍 가엾을 민　啼 울 제　紆 굽을 우, 답답할 우　姉 누이 자
霹 벼락 벽　靂 벼락 력　霹靂 공중의 전기와 땅 위 물체의 방전작용으로 일어나는 현상

註解
10 姉 忽然失明 (자홀연실명)

  누나의 나이 15세 때 어느 날 아침 갑자기 눈이 보이지 않는다고 울부짖는다. 온 가족이 모두 놀라 왜 그러느냐고 물으니 본인도 모르겠다고 하면서 양쪽 눈 모두가 보이지 않는다고 한다. 아침밥도 떠서 먹여 주고 학교도 가지 못했다. 하루 경과를 지켜보다가 이튿날 아버지께서 누나를 업고 도리원까지(40리) 걸어갔다. 평지에서는 아버지가 누나의 손을 잡고 걷고 길이 험한 곳에서는 업고 가서 도리원에서 버스를 타고 대구에 있는 동산병원에 가서 진료를 받았다.

  그 당시 대구 경북에서는 동산병원이 제일 큰 병원이었다. 진료 결과 담당의사는 한 달 정도 치료를 해 봐야 고칠 수 있을지를 알겠다고 한다. 아버지께서 생각은 한 달 치료해서 고칠 수 있다고 한다면 입원치료를 받을 것인데 이것은 아무래도 치료가 불가능하다는 의미로 받아들였다는 것이다. 그래서 입원은 하지 않고 하룻밤을 병원에서 보내고 다음날 퇴원을 하였다. 청천벽력이 아닐 수 없다. 아이의 장래가 만 리 같은데 맹인으로 살아야 한다는 것을 생각하면 억장이 무너지고 앞이 캄캄해 지고 잠시 동안 아무것도 보이지 않았다고 회고하셨다.

  치료할 방법이 정말 없는 것일까 하고 며칠 동안 백방으로 알아본 결과 운암사 절 앞에 작은 암자가 있는데 거기에 道人이 의원이라고 하는 소문을 듣고 거기 운암사를 찾아가기로 결심하였다고 하셨다.

11

雲庵寺 道人 (운암사 도인)

安平雲寺小庵前 (안평운사 소암전)
안평 운암사 앞에 조그마한 암자가 있어

夫婦醫員住禪專 (부부의원 주선전)
의원 부부가 오로지 선으로 살고 있었네

治療起居娘父備 (치료기거 낭부비)
기거하며 치료하기로 아버지와 누나는 준비하였고

藥材採取老翁全 (약재채취 노옹전)
약재 채취는 온전히 노옹이 산에서 한다네

神癒視力存尋復 (신유시력 존심부)
신유로 시력을 다시 찾을 수 있었고

報恩寬弘如峻乾 (보은관홍 여준건)
은혜 갚고져 하니 관홍이 하늘보다 큰 것 같더라

以後處方行讀字 (이후처방 행독자)
이후 처방대로 행하니 글자도 읽고

過年自活族康眠 (과년자활 족강면)
일 년 지나 스스로 활동하니 가족이 편히 잘 수 있었네

娘 여자 낭 峻 높을 준. 클 준 癒 병 나을 유 神癒 신앙요법. 신의 힘으로 병이 낫는다는 것
寬弘 너그럽고 도량이 큼

註解
11 雲庵寺 道人 (운암사 도인)

　대구 동산병원에 다녀온 후에, 아버지는 누나를 데리고 운암사에 있는 작은 암자의 道人을 찾아갔다. 그 도인에게 아버지는 누나의 실명을 소상히 설명하고 치료하여 고쳐줄 것을 정중히 말씀드렸으나 그 도인은 "나는 의원이 아니다." 하시면서 치료를 거부하였다고 한다. 거부한 이유가 본인의 아들이 병이 들었는데 고치지 못하고 저세상으로 보냈다고 하시면서, 내 자식 병도 고치지 못하는 사람이 어찌 의원이라고 하면서 남의 자식 병을 고친다고 말할 수 있겠는가 라며 치료를 한사코 거부하셨다고 한다.

　그래서 아버지는 懇切한 마음으로 도인에게 봐 주실 것을 애원하셨다. 그러다 보니 날이 저물어서 부득이 거기서 하룻밤을 머물렀다. 다음날아침 도인께서 庵子에서 내려오셔서 하시는 말씀이 "아이가 너무 가여워서 치료를 하기로 결정했다."라고 하신다. 아버지는 너무 반가워서 큰절을 올리고 어찌할 바를 몰랐다고 하셨다.

　治療하기 전에 道人께서는 누나와 함께 암자에 올라가서 부처님 전에 拜禮하고 도인께서는 기도문을 독경하시고 난후에 치료에 임했다. 치료방법은 대나무를 잘라서 칼처럼 작게 만들어서 눈동자에 무엇인가를 긁어내는 것을 약 일주일 정도 하고 곁들여서 도인이 제조한 약이라고 하면서 흰 가루를 접시의 물에 타서 상에 올려놓고 앉아서 혀를 내밀어서 접시물에 혀를 담그고 있으라고 한다. 힘이 들면 잠시 쉬었다가 다시 반복해서 잠들기 전에는 계속해서 하였다고 한다.

　약 2주가 지나니 눈이 조금씩 보이기 시작하였고 한 달이 되니 밥도 혼자 떠 먹을 수 있고 걸어다니기도 한다. 그래서 퇴원을 하였다. 집에 와서도 도인께서 시키는 대로 그 약을 접시물에 타서 혀를 담그고 있었다. 그 당시 시계가 없어서 시간상으로는 얼마가 됐는지는 모르지만 한참을 담그고 있으면 접시물이 달걀 흰자처럼 끈끈한 액체로 변한다. 그러면 그것은 버리고 다시 접시에 약을 타서 혀를 담그는 것을 계속 반복해서 실행하였다. 집에 와서 한 달쯤 하였더니 거의 완치가 되었다. 저희로서는 그 도인이 너무 고맙고 감사해서 무어라 말할 수 없을 만큼 큰 은혜를 입었다. 그 이후 겨울, 여름, 철따라 의복 한 벌씩 해드리고 가끔 집으로 모셔 와서 식사 대접도 해 드렸으나 그 道人의 고마움이야 말로는 다할 수도 없고 물질로도 다할 수가 없었다. 지금 생각해 보면 그 도인이 아니었더라면 누님의 인생은 어떻게 되었을까? 끔찍한 생각마저 들어 생각조차 하기 싫다.

지금 생각해 보면 정말로 아이러니한 일이 아닐 수 없다. 지금 의학으로나 과학적으로는 믿어지지 않고 상상도 할 수 없는 치료 방법이다. 이 사실을 과학적으로는 입증할 방법도 없고 입증할 수도 없는 일이다. 따라서 지금 내가 쓴 글이 사실을 액면 그대로 믿어줄 사람이 과연 몇 명이나 있을까 하는 합리적인 의구심도 가져본다.

하지만 이 내용은 내가 아버지와 누님으로부터 듣고 또 집에 와서 치료하는 과정을 직접 보았고 누님의 시중을 들어주었기 때문에 있는 그대로 가감없이 사실대로 쓴 것이다. 또한 장본인인 누님은 지금 연세가 83세이다. 무릎 관절이 안 좋아서 인공관절 수술을 받았으나 아직 건강한편이다. 노안이라 그렇지 아직 안경도 끼지 않고 생활하신다.

中學校復學 (중학교 복학)

家親復學欲昇辭 (가친복학 욕승사)
아버지께 복학을 하고져 말씀올렸더니

錢慮欣然洵諾怡 (전려흔연 순락이)
돈 걱정하면서 흔쾌히 허락하니 참으로 기뻤네

叔父納金全額佑 (숙부납금 전액우)
숙부님께서는 납부금 전액을 도와주시고

舅任會費萬圓貽 (구임회비 만원이)
외삼촌은 공납금 만원(3기분 공납금)을 주셨네

校庭後輩熱工驗 (교정후배 열공험)
교정에서는 후배들과 열공하며 시험 보고

放課親朋急舍馳 (방과친붕 급사치)
방과 후엔 친구들과 급히 집으로 달려가네

夢破事諸澌決善 (몽파사제 시결선)
꿈은 깨졌지만 모든 일에 최선 다할 것 결심하고

飼牛刈草讀宵爲 (사우예초 독소위)
집에 와선 소 먹이고 소 풀 베고 밤에는 공부하였네

洵 참으로 순 澌 다할 시 宵 밤 소 欣 기쁠 흔 飼 먹일 사 舅 외삼촌 구 刈 벨 예
欣然 기뻐하다

註解
12 중학교 복학

　서울에 외갓집이 있어 외갓집에 가서 외삼촌에게 먹고 자고 있을 만한 일자리를 알아봐 주실 것을 말씀드렸다. 하지만 외삼촌께서 내가 중학교 중퇴했다는 얘기를 들으시고 집에 돌아가서 다시 학교에 다니라고 하시면서 돈을 10,000원을 주신다. 만 원이면 미납된 3기분 공납금을 완납할 수 있었다.
　집에 와서 아버지와 작은아버지(季父)에게 중학교 복학하겠다고 말씀드렸더니 돈을 걱정하시면서도 흔연히 승낙해 주셨다. 그리고 숙부님께서 말씀하시기를 너의 외삼촌도 학비를 주는데 친삼촌인 내가 나머지 학비 모두 부담할 터이니 내일 당장 가서 복학을 하라고 하신다. 고맙고 감사하지만 그 당시 숙부님도 그리 넉넉하지 못한 살림살이였는지라 고맙습니다 라고 하기보다는 죄를 짓는 것만 같아 미안하고 송구스런 마음뿐이었다. 다음 날 학교에 가서 복학 신청을 하고 그날부터 수업을 받았다.
　중학교를 졸업한 후 고등학교를 진학하겠다는 말은 차마 할 수가 없었다. 그래서 또다시 중앙강의록 고등학교 과정에 입학하여 晝耕夜讀(주경야독)으로 공부해서 고등학교 과정도 마쳤다. 하지만 그 당시 강의록 수료증은 아무 데도 쓸모가 없었다. 중졸 학력으로 어디에도 취업할 곳이 없어서 공부를 더 하려고 아무리 생각해 봐도 공부의 길은 보이지 않았다. 더 이상 공부를 하기 위한 노력조차도 할 여유가 없었다.

姉結婚式 (자 결혼식)
누나의 결혼

不暖春來積雪春 (불난춘래 적설춘)
봄은 왔지만 춥고 눈 쌓인 봄에

姉婚醮禮婦家陳 (자혼초례 부가진)
누나의 결혼 초례를 신부집에서 베풀었네

道令雅正理諸亮 (도령아정 리제량)
신랑은 아정하면서 모든 이치에 분명하고

娘子便娟心取眞 (낭자변연 심취진)
신부는 변연하고 진실된 마음을 가졌네

閨秀性情溫照瑞 (규수성정 온조서)
규수의 성정이 온화하여 서광이 비치고

郎君人品傑該仁 (낭군인품 걸해인)
신랑은 인품이 출중하고 인자함도 갖추었네

初冬世俗轎乘嫁 (초동세속 교승가)
초동에 세속 따라 가마 타고 시집가고

送路村閭淫淚倫 (송로촌려 음루륜)
촌려까지 배웅하니 천륜의 눈물이 그치질 아니하네

甥 생질 생, 사위 생 **亮** 밝을 량, 분명할 량 **傑** 출중할 걸 **閨** 안방 규 **轎** 가마 교 **該** 갖출 해 **閭** 마을 려, 이문 려 **醮** 제사 지낼 초, 빌 초, 기원할 초 **便娟** 민첩하고 아름다운 자태 **雅正** 아담하고 바름 **郎君** 남의 아들을 높여 부르는 말 **送路** 배웅 **淫淚** 그치지 아니하고 자꾸 흐르는 눈물 **村閭** 마을 입구의 문

13 누나의 결혼
註解

　누나의 눈은 완치되었다. 내 나이 18세(중3) 때 초봄에 누나는 결혼을 하였다. 신랑은 이웃 면인 의성군 신평면 중율동에 거주하는 平海黃氏이다. 예비 자형은 現役陸軍兵長으로 당해 연도에 만기 제대 예정이었다. 누나의 결혼일자는 지금 기억 못 하지만 봄이었다. 봄이지만 봄 같지 않고 날씨는 많이 춥고 눈도 많이 쌓여있었다. 예전에는 결혼을 醮行(초행)新行(신행)으로 나뉘어져 醮禮(초례)를 치르고 일 년 신행, 한 달 신행, 또는 삼 일 신행, 당일 신행 등으로 몇 가지가 있는데 누나는 봄에 초례를 우리 집 마당에 醮禮廳(초례청)을 차리고 예식과 잔치를 치르고 가을에 신행을 하였다. 신행일이 시집가는 날이다. 누나는 가마 타고 시집을 갔다. 마을에 공용으로 사용하는 가마가 있었다. 이 가마로 가마를 멜 인부 두 사람을 고용하였다. 참고로 가마를 메는 사람은 일반 사람이 아니고 賤民이었다.

　초례 때는 신부집에서 잔치를 하고 신행때는 신랑집에서 하는 양가에서 서로 따로 잔치를 하였다. 집 마당에서 가마를 차려서 누나가 타고 나가는데 누나가 가마에 타기 전에 내게 다가와서 내 손을 잡고 "잘 있어라" 하는 소리에 그만 눈물이 왈칵 쏟아져 나왔다. 누나와 나는 서로 붙잡고 한참을 울었다. 그리고 가마는 곧 출발했다. 나는 가마 뒤를 따라 里門까지 가는데 누나는 내가 따라오는 것을 보았는지 가마를 멈추고 나와서 나에게 집으로 들어가라고 하면서 눈물을 흘리면서 울고 있었다. 더 이상 따라가지 않고 가마가 보이지 않을 때까지 멍하니 서서 바라만 보다가 가마가 산기슭을 돌아간 후에 집으로 돌아오면서도 눈물은 그치지 않았다. 집에 오니 누나가 없으니 집이 텅 빈 것 같았다.

中學校卒業 (중학교 졸업)

年交卒業換悲熙 (연교졸업 환비희)
해가 바뀌어 졸업하니 희비가 교차하고

往復寒炎卄里馳 (왕복한염 입리치)
왕복 이십 리를 추우나 더우나 달렸네

學校袱擔驅步去 (학교복담 구보거)
학교 갈 땐 책보 메고 구보로 가고

歸嫁冊負乘車追 (귀가책부 승차추)
귀가할 땐 책을 지고 차를 타러 좇아가네

烏雲老圃望消渴 (오운노포 망소갈)
검은 구름에 노포는 갈증이 해소되길 바라고

螢雪生徒忘莫飢 (형설생도 망막기)
형설의 생도는 굶주릴 때를 잊지 말아야 하네

進學不愁怊積滿 (진학불수 초적만)
진학 못 해 근심과 슬픔이 가득 쌓이고

失機舒志活吾墮 (실기서지 활오휴)
뜻을 펼칠 기회 잃고 나의 삶이 무너졌네

袱 보자기 복 **擔** 멜 담 **圃** 채마밭 포 **螢** 반딧불이 형 **飢** 주릴 기 **怊** 슬플 초 **卄** 스물 입
墮 무너뜨릴 휴 **螢雪** 고생하면서 꾸준히 학문을 닦는 것 **老圃** 농사일하는 농부

註解
14 中學校 卒業

　아침 일찍 밥을 먹고 도시락과 책을 보자기에 싸서 어깨에 메고 10리를 걸어서 비가 오나 눈이 오나 추우나 더우나 결석하지 않고 학교에 간다. 학교에서 열심히 공부하고 하굣길도 또 10리를 역시 걸어서 집에 간다. 三春 2洞에 山坂業을 하는 데가 있어 伐木한 나무를 실어 나르는 차가(GMC화물차) 가끔씩 다닌다. 하교 때 어쩌다 그 차를 만나면 비포장도로인지라 먼지가 펄펄 나는데도 불구하고 그 차 뒤를 쫓아가서 매달려 올라탄다. 그러면 동네 어귀에서 내린다. 이런 날이 月 2~3회 정도는 되었던 것 같다. 승차 하차 시에 차가 멈춰 주지 않아 가끔 다칠 때도 있었다. 그런 위험을 무릅쓰고도 이날은 참으로 재수가 좋은 날이라 할 수 있다. 이렇게 3년을 마치고 영광의 졸업장을 받는다. 졸업의 기쁨도 잠시뿐 고등학교 진학을 포기해야 하는 슬픔과 좌절 그 어떤 말로도 위로가 될 수 없었다. 어린 나에게는 말로 형언할 수 없는 아픔이었다.

自暴自棄 (자포자기)

家庭不睦未疏通 (가화부화 미소통)
집안이 화목하지 않고 소통이 되지 않으니

長志非量表出功 (장지비량 표출공)
어른의 뜻은 헤아리지 않고 공적만 표출하네

祖母虐孫胸弱透 (조모학손 흉약투)
할머니는 손자 학대받고 약한 것이 가슴에 사무치고

慈親嫉我蔑如窮 (자친질아 멸여궁)
어머니는 나를 미워하고 멸시함이 극에 달하네

言爭姑婦漸高悟 (언쟁고부 점고오)
고부간의 언쟁이 점점 높아지는 것을 깨닫고

紛亂吾嫂將活聾 (분란오수 장활롱)
나와 누나 때문에 분란 생겨 장차 살길 캄캄하네

媼父罪人消我穩 (온부죄인 소아온)
어른들께는 죄인이나 내가 사라지면 집이 편안케 되고

幼沖堪耐努生終 (유충감내 노생종)
유충에 감내하기 힘들어 생을 마치기로 결단하였네

虐 모질 학   嫉 미워할 질   蔑 업신여길 멸   嫂 맏누이 수   聾 귀먹을 롱, 캄캄할 롱
穩 편안할 온   窮 다할 궁, 극에 달할 궁   透 사무칠 투   幼沖 나이가 어리다

註解
15 自暴自棄 (자포자기)

  집안이 화목하지 못하니 갈등만 생기고 할머니와 어머니의 불화는 계속되는데 이것이 모두 나 때문에 일어나는 현상이다. 가정이란 화목하고 포근해야 하는데 우리집은 그러지 못했다. 그래서 문득 뇌리에 스치는 것이 내가 없어지면 집안에 불화도 없을 것이고 화목해지지 않을까 하는 생각이 들었다.
  그렇다. 내 나이 16살. 할머니와 아버지, 숙부모님들께는 불효를 저지르는 일이지만 어쩔 수 없는 일이라 생각하고 농약을 꺼내서 마시려 하는데 할머니께서 달려들어 내 손을 쳤다. 약병은 땅에 떨어지고 농약이 목으로 조금 넘어갔다. 속이 후끈 달아오르더니 정신이 혼미해졌다. 이 사실을 알고 숙부님께서 자전거를 타고 안평면 소재지에 가서 의사를 모셔왔다. 위 세척을 하고 해독제인지 뭔지 모르는 약을 주어서 먹고 몇일 누워 있다가 일어났다.
  그 후유증으로 위와 기관지가 약해져서 매운것과 음주를 하게 되면 속이 쓰리고 또한 감기가 걸리면 기침이 나서 목이 몹시 아파서 평생동안 고생하였다. 하지만 지금까지 살아있다는 것이 신기할 따름이다.

獨竪自活 (독수자활)

獨竪離家自活謨 (독수이가 자활모)
홀로 서려 집을 떠나 자활을 꾀하고

他鄉勤勉僅爲糊 (타향사면 근위호)
타향에서 힘써 일해도 근근이 입에 풀칠만 했네

搾油店鋪習技早 (착유점포 습기조)
착유점에선 기술을 빨리 익히려 하고

炒蒢沽伎修法俱 (초승고기 수법구)
참깨 볶고 파는 기량과 방법도 함께 익혔네

勞動雇錢些月給 (노동고전 사월급)
노동의 품삯 월급은 조금이고

練磨商術速年徂 (연마상술 속년조)
상술을 연마하는데 한 해가 빠르게 지나갔네

生居冷酷是何烈 (생거냉혹 시하열)
삶의 냉혹함이 어찌 이렇듯 매우며

抱好浮雲如意珠 (포호부운 여의주)
덧없는 세상에 여의주나 잡으면 좋으련만

僅 겨우 근 **沽** 팔고 **搾** 짤 착 **炒** 복을 초 **伎** 재간 기 **蒢** 참깨 승 **徂** 갈 조 **練** 익힐 연
竪 설 수 **攸** 바 유 **糊** 풀칠할 호 **些** 적을 사, 조금 사 **雇錢** 품삯 **浮雲** 덧없는 세상
如意珠 용의 턱 아래에 있는 오묘한 구슬

鑛夫 (광부)
두 하늘 이고있는 광부

離情繼母莫偕思 (이정계모 막해사)
계모와 정이 떨어져 함께할 생각이 없어졌고

獨我遷居準備基 (독아천거 준비기)
나 홀로 거처를 옮겨 토대를 준비해야 하겠네

寧越鑛山坑就業 (영월광산 갱취업)
영월의 광산의 갱도에 취업해서

北面採炭事蒐資 (북면채탄 사수자)
북면에서 채탄하는 일을 해서 자본 모으기로 했네

酷寒暴雪咳無藥 (혹한폭설 해무약)
혹한과 폭설에 기침이 심해도 약이 없었고

歲暮堆霰痛莫醫 (세모퇴산 통막의)
세모에 싸락눈이 쌓여 아파도 병원도 갈 수 없었네

歸室正初漣拜父 (귀실정초 연배부)
정초에 집에 와서 아버지께 절하니 눈물을 흘리시고

家親小子始慈姿 (가친소자 시자자)
가친께서 나에게 이처럼 자애로운 모습은 처음이었네

坑 구덩이 갱 蒐 모을 수 咳 기침 해 堆 쌓을 퇴 霰 싸라기눈 산 戴 일 대
漣 눈물 흘릴 연

註解
17 광부

   어머니와 정이 떨어져서 더 이상 집에 머물기가 싫어졌다. 그래서 어디로든지 가출을 해야 하겠다고 생각을 했지만 막상 나가려 하니 갈 데가 없었다. 長斫(장작) 한 가리를 해서 팔았다(300원 받음). 그 돈으로 여비해서 무작정 영월로 가서 북면의 탄광촌으로 갔다. 탄광 갱도에서 채굴하는 데서 일하기로 하고 일을 시작했다. 하루 8시간 노동인데 甲, 乙, 丙반으로 3교대로 나누어서 일주일씩 교대를 했다. 이때가 음력 10월말 경이라 날씨는 추위가 아주 극심했다.

   농약 사건이후 그 후유증인지 기관지와 목이 따갑고 감기에 걸리면 목이 아프고 기침이 몹시 심하게 났다. (그 이후로 지금까지 감기 기운만 있으면 늘 기관지와 목에 통증이 생기고 기침이 심하게 난다) 같은 방에서 잠을 자는 사람들이 잠을 이루지 못할 정도로 심하게 난다. 나는 그분들에게 대단히 미안했다. 하지만 그분들은 내가 어리기 때문에 오히려 나를 격려해 주고 걱정해 주면서 잠잘 때도 따뜻한 아랫목으로 양보해 주었다. 약을 사먹으려 해도 약국도 없고 병원도 없어서 병원에 가고 약을 사려면 영월읍에 가야 하니 눈이 와서 버스도 다니지 않고 걸어서는 더더욱 갈 수가 없었다. 따라서 기침으로 목이 아파도 참고 또 참아야만했다.

   설날이 돼서 간조(월급)를 받았다. 두 달 동안 일한 것이 식대와 방값을 제하고 받은 돈이 13,000원이다. 같은 집에 있는 사람들 중에 두 달 노임으로는 내가 제일 많이 받았다. 어머니를 생각하니 집에 가기가 싫었다. 하지만 할머니와 아버지, 누나, 동생들이 보고 싶었다. 차편이 없어서 정월초하룻날은 가지 못하고 초이튿날 집에 도착했다. 할머니께 절하고 아버지 방에 가서 아버지, 어머니께 큰절하니 아버지께서 눈물을 흘리시면서 "고생 마이 했지"라면서 내 손을 잡는다. 나도 눈물이 왈칵 쏟아져 나왔다. 아버지께서 나에 대해서 이렇게 자애로

우심을 보이는 것은 처음 있는 일이었다. 아 아 이 모습이 정녕 아버지의 참모습이고 본심이 아닌가 하는 생각이 들고 아버지의 진심을 보게 되니 다시 한번 가슴이 찡했다. 이 또한 아버지께서도 나에 대해서 진심을 보이지 못한 것은 어머니 눈치 보느라 나에게 사랑을 주지 못했던 것이 아닌가 싶어 또 다른 슬픈 마음이 밀려들어 눈물이 그치질 않았다. 아버지께서 겉으로 말을 하지 못해서 마음고생을 많이 하시지 않았을까 하는 생각이 들었다. 내가 가지고 온 돈 전부를 아버지께 드렸다.

  아버지께서 하시는 말씀 네가 하늘 둘을 덮어쓰고 힘들게 번 돈인데 아비가 어찌 이 돈을 받아 쓰겠느냐면서 네가 쓰거라 라고 하시면서 나에게 다시 주신다. 하지만 나는 다시 아버지께 그 돈 전부를 드렸다. 겉으로 사랑의 표현을 못 하시는 아버지의 마음을 생각해 보니 나는 어머니가 더욱 미워졌다. 속마음으로는 나를 무척 사랑하지 않았겠는가 하는 생각이 들어 더욱 가슴이 미어지는 아픔을 느꼈다.

18

家親別世悔恨 (가친별세 회한)

去年手術肺疼胸 (거년수술 폐동흉)
작년 폐를 수술하고 가슴이 아파서

再發焦心加療從 (재발초심 가료종)
재발하여 마음 태우며 가료에 따르네

結核治療難病識 (결핵치료 난병식)
결핵은 치료하기 어려운 병으로 알았고

肺炎合併症形共 (폐염합병 증형공)
폐렴이란 합병증이 함께 나타났네

嚴親疾患壽漸近 (엄친질환 수시근)
아버지의 병환이 수를 다함이 가까워졌고

家族悲哀逝淚濃 (가족비애 서루농)
가족들 슬퍼하는 중 서거하시니 짙은 눈물만 흐르네

不孝生前膺結恨 (불효생전 응결한)
생전에 효도 못 한 것이 한이 되어 가슴에 맺히고

考終命不慕尤蹤 (고종명불 모우종)
고종명을 못했으니 아버지 발자취가 더욱 그립구나

焦 탈초 逝 죽을 서 貽 남길 이 蹤 발자취 종 胸 가슴 흉 併 아우를 병 膺 가슴 응
漸 다할 시 濃 짙을 농 考終命 제명대로 살다가 편히 죽는 것 焦心 마음을 졸여서 태움

註解
18 家親別世悔恨 (가친별세 회한)

　1964년 봄 아버지께서는 오랜 기침과 천식으로 고생하시던 중 봉양면에 있는 재남병원을 찾아갔다. 진찰결과 폐결핵이 심하니 수술을 해야 한다고 한다. 수술을 하고 퇴원해서 약 몇 달 동안 기침도 덜하고 좋아지신 것 같더니 64년 8월 5일(陰曆 甲辰年 7月 9日) 逝去하셨다. 아버지 연세가 47세 제가 21세였다. 너무나 젊으신 연세에 세상을 뜨셨다. 오랜 신양으로 고생하시면서도 농사일을 꾸준히 하신 것이 내가 너무 불효한 것 같아 더욱 더 가슴이 아프다.

　내 나이 望傘齒가 되니 아버지보다 곱절 가까이 더 오래 살았으니 아버지 생각이 더욱 간절하고 그리워지며 아버지의 생애가 너무 가련하다. 그런 아버지 생각이 참 많이 난다. 내 막내 남동생은 아버지 돌아가시기 약 한 달 전에 태어났다. 내 바로 아래 남동생은 당시 14살이었고 다음 여동생은 7살 동생들은 모두 세 명이다. 나는 조실모하고 동생들은 조실부했으니 나와 동생들 모두가 같은 입장이다.

　따라서 이제는 내가 동생들을 돌봐야 하지 않겠나 하는 생각이 들었다. 어머니가 나에게 하신 것을 보면 이런 생각을 하지 않음이 마땅할진대 그래도 여하튼 간에 피를 나눈 형제이다. 어머니 생각은 하지 말고 동생들 생각만 하기로 하였다.

19

軍入隊及脫營
군입대 탈영

翌年先考小祥儀 (익년선고 소상의)
다음 해 선고의 소상을 법도로 받들고

數日過軍入擁悲 (수일과군 입옹비)
수일이 지나 슬픔을 안고 군에 입소하였네

衰服罪人家出叶 (최복죄인 가출협)
최복의 죄인이 시대에 따라 집을 나가서

喪期謹愼召從宜 (상기근신 소종의)
근신하는 상기에 나라의 부름 마땅히 따랐네

大祥請願休還戾 (대상청원 휴환려)
대상이라 휴가를 청원하였으나 반려되고

奉祭軍營脫冒危 (봉제군영 탈모위)
제사 받들려 위험 무릅쓰고 군영 이탈하였네

歸隊責崎承隊長 (귀대책기 승대장)
귀대하니 중대장에게 험한 질책 받고

上官處罰代容慈 (상관처벌 대용자)
중대장은 처벌 대신 자애로 용서하였네

叶 맞을 협, 시대 협　遂 따를 수　戾 어그러질 려　容 용서할 용　崎 험할 기
衰 쇠할 쇠, 상옷 최　承 이을 승, 받을 승　衰服 상중에 입는 상복　喪期 상복을 입는 기간
小祥 부모가 돌아가신 후 1년 만에 지내는 제사 "大祥"

註解
19 軍 入隊 脫營 (군입대 탈영)

　이듬해 1965년 8월 6일(음력 7월 9일)은 선고의 三喪 중 두 번째 小祥祭(소상제)이다. 소상제례를 마치고 8월 13일 논산 훈련소에 입소하였다. 집에서 상복차림으로 아버지 빈소에 들어가서 군에 잘 다녀오겠습니다 라고 영전에 절로서 인사 올리고 집결지가 안평면 소재지인지라 십 리 길을 걸어서 가는데 숙부님께서도 뒤따라 오셔서, 입대 장병 모두가 대기하고 있던 군용 화물차에 승차하고 나도 승차해서 뒤돌아보니 숙부님께서 눈물을 흘리고 계시는 것이었다. 나도 눈물이 왈칵 쏟아졌다. 눈이 마주치자 숙부님께서 손을 흔드시면서 잘 갔다 오라 하신다. 그러자 차는 곧바로 출발하였다.

　논산훈련소에서 6주간 훈련받고 또 후반기 교육 4주를 받고 전방 25사단에 배치가 되었다. 25사단에서 또 4주간 신병교육 훈련을 받고 72연대 2대대 5중대로 10명이 함께 배속이 되었는데 인사계(상사)가 불러서 가니 행정반 보급계(2.4종)조수로 근무하라 한다. 그 후 제대할 때까지 2.4종계를 보았다.

　이듬해 1966년 음력 7월 9일 선고의 三喪中 세 번째 大祥일이다. 고향의 숙부님께서 면사무소에 의뢰해서 관보를 치셨다. 그 당시 일반 전보 보다 관보는 군에서 신임을 해 주는 시대여서 숙부님께서 며칠 일찍 와서 祭需도 장만하고 入祭일에 손님 맞을 준비도 하라고 제삿날을 이틀 앞당겨서 음력7월 7일로 관보를 보냈는데 관보 도착일이 실제 7월 6일에 도착했다. 중대장님에게 청원휴가 상신을 해달라고 하였더니 "날짜가 내일인데 내가 올려줘도 대대장이 반려할 것이다."라고 한다. 전후 사정을 얘기하니 서무에게 작성해서 접수시키라고 명한다. 이때 우리 중대는 전방 GOP에 들어가서 근무할 때다.

　다음 날 휴가 준비를 하고 10여 리를 걸어서 대대에 와서 대대장실에 갔더니 부관이 말하기를 "너 청원휴가 반려됐다."고 한다. 그러나 부관에게 사실을 말하고 대대장 면담을 요청하였다. 대대장 만나서 사정 얘기를 하였으나 요지부동이었다. 하는 수 없이 나와서 가짜 휴가증을 구입해서 서울행 버스를 탔다. 임진강의 비룡대교를 지나야하는데 거기는 군헌병 초소가 있어 모든 차량은 세워서 헌병이 올라와서 검문을 한다. 탈영병 또는 간첩을 잡기 위해서였다. 나는 가짜휴가증이라 이 검문소에서 통과가 될 수 있을까 염려하다가 차장(그 당시 안내양을 차장이라 함)에게 "나 휴가증 없는데 어떡할까요?"했더니 그 차장 아가씨 하는 말 "걱정하지 말고 앉아 계세요"라고 한다. 곧 버스는 검문소에 도착했고 헌병이 경례를 하면서 올라와서 잠시 검문 있겠습니다 하니 차장아가씨 낮은 목소리로 25사단 군인 한 명 봐줘요 라고 한다. 그 헌병 한번 둘러보고 그냥 내려간다. 나는 안도의 한숨이 나왔다. 차장아가씨한테 정중히 고맙다고 인사를 하고 서울역에 도착했다. 지금까지도 그 차장아가씨 고마움을 잊지 못한다. 만날 수 있다면 식사 대접이라도 하고 싶다.

집에 도착해서 삼년상의 대상제례를 마치고 탈상의 예를 갖춘 뒤 개복(상복을 벗고 평복으로 갈아입음)을 하였다. 그리고 부대에 도착하였더니 권영태 탈영했다고 난리가 난 모양이었다. 중대장실에 갔더니 중대장이 엎드려 하더니 야전곡괭이 자루로 3대를 맞고 호된 질책을 받았다. 그리고는 서무계를 부르더니 권영태 입창서류 갖추어서 가져오라고 한다. 그 당시 나는 중대 보급계(2,4종)를 보았다. 행정반요원 전원이 중대장에게 용서를 빌어서 중대장의 화를 누그러뜨려 영창 가는 것은 면했다. 그 후 동료병사들로부터 얘기를 들으니 대대장이 직접 중대장에게 전화해서 권영태 탈영보고하고 귀대하면 영창 보내라고 지시를 하였다고 한다. 중대장이 대대장에게 이 병사 곧 귀대할 것이고 착하고 열심히 하는 병사이니 이번 한번 용서해 줍시다 라고 말하였다고 한다. 중대장도 참으로 고마운 분이었다. 중대장의 자애로움으로 처벌받지 않고 무사히 군 복무를 마치고 만기 제대를 할 수 있었다.

軍隊生活 (군대생활)

訓兵小食忍難飢 (훈병소식 인난기)
훈련병 때 밥이 적어 배고픔 참는 것 어려웠고

毆打常存紀律隨 (구타상존 기율수)
구타는 항상 있어 기율에 따랐네

自隊移行寒苦令 (자대이행 한고령)
자대로 가서는 추위로 하여금 고생했고

前方配置補從司 (전방배치 보종사)
전방에 배치돼선 보급계 맡아 일했네

食衣不裕非軍覺 (식의불유 비군각)
옷과 밥이 넉넉지 못한 것을 군은 깨닫지 못하고

寢具無優莫國知 (침구무우 막국지)
침구가 모자라도 나라는 알지 못하네

點呼服揮蟲殺藥 (점호복휘 충살약)
점호 끝나고 옷에 살충제 약 뿌리고

時拿蝨定蝨拿頤 (시나슬정 슬나신)
이 잡는 시간 정해 눈 크게 뜨고 이 잡았네

飢 주릴 기 毆 때릴 구 隨 따를 수 裕 넉넉할 유 蚤 벼룩 조 蝨 이 슬 拿 잡을 나
頤 눈 크게 뜨고 볼 신 優 넉넉할 우

註解

20 軍隊生活 (군대생활)

  훈련소에서는 훈련도 힘들지만 배가 고픈 것이 더 힘들었다. 어떤 병사는 남은 음식물 버린 통에서 손을 넣어 밥알을 건져 먹는 병사도 있었다. 또한 교육 훈련 중 행군하는 길 옆에서 장사(移動酒婦)하는 아주머니들에게 먹을 것을 조교 몰래 사서 먹는다. 나도 10원짜리 삶은 고구마 하나를 사서 반을 베어 물고 나머지는 바지 주머니에 넣고, 행군 도중 먹는 것이 조교에게 발각되면 안 되니 입안에서 우물우물해서 꿀꺽 삼킨다. 그러면 고구마가 목에 넘어가면서 목구멍이 뜨끔하다. 이렇게 호된 훈련을 마치고 기성부대에 배속된다.

  전방 部隊 25사단에 배치되었는데 여기서는 보급계(2,4종)를 보게 된다. 여기도 역시 식사도 부실하고 군복이며 장비가 모두 넉넉하지 못했다. 하지만 보급계를 본다고 해서 뭘 어떻게 해 볼 방안이 없어 마음만 안타까웠다. 게다가 병사들의 몸에 이가 얼마나 많은지 모두들 가려워서 긁어댄다. 그래서 부대에서 이약 DDT(살충제)를 내의에 골고루 뿌려서 입었다. 하지만 약으로도 이가 없어지지 않자 저녁9시 點呼(점호)가 끝나고 취침하기 전 30분 동안 이 잡는 시간을 주어 이를 잡기로 하였다. 각자 철모에 이를 잡아 모아서 내무반 전원의 이를 한데 모으니 꼬물꼬물 하는 것이 가관이었다. 한 사람이 10마리 이상씩 잡은 것 같다.

1.21 事態

1.21 사태

北韓靑瓦擊南侵 (북한청와격남침)
북한군이 남침하여 청와대 습격하려 하였고

掃蕩全軍共匪尋 (소탕전군공비심)
전군은 공비를 찾아 소탕하였네

討伐將兵罹凍裂 (토벌장병리동열)
토벌하던 장병들 동상에 걸리고

祁寒臘月晦歸岑 (기한납월회귀잠)
지독한 추위 섣달 그믐날 산에서 돌아왔네

罹 걸릴 리 祁 성할 기 臘 섣달 납 晦 그믐 회 岑 봉우리 잠 裂 찢을 열
祁寒 지독한 추위 凍裂 얼어서 갈라짐 臘月 섣달(12월)

註解
21 1.21 사태

　1968년 1월 21일 나는 제대를 한 달 앞둔 병장이었다. 이날 행정반에 병기계 조수 신병이 들어왔다. 행정요원들에게 신병 야간근무 세우지 말라고 지시를 하고 취침에 들어갔는데 새벽에 나를 깨운다. 신병이 전화가 왔는데 무슨 말인지 잘 모르겠다고 하면서 전화를 받아보라고 한다. 그래서 대대 작전과에 전화하였더니 간첩이 나타났으니 빨리 모든 장병 출동 준비를 하라고 한다. 중대장 및 영외거주 장교 하사관 모두에게 전화해서 들어오라고 하고 병력들은 완전무장하고 연병장에 집합하라고 하였다.

　이렇게 하여 무장공비 소탕작전은 시작되고 우리부대 장병들은 감악산峻嶺의 부대 管轄陣地에 布陣하여 경계근무를 철저히 하였다. 이때 감악산의 기온은 영하25도였다. 장병들은 모두 손과 발이 동상에 걸렸다. 공비 소탕작전은 28명 사살, 1명 생포(김신조), 2명 도주로 작전을 종료하고 1월 29일 철수했다. 1월 30일이 설날이었다. 그 이후 제대가 연기되어서 나도 한 달을 더 복무하고 3월 30일 제대하였다.

進路開拓 (진로 개척)

除隊當年畢作農 (제대당년 필작농)
제대하던 당년엔 농사를 짓고

冬京編織就工逢 (동경편직 취공봉)
겨울에 상경하여 편직공장 취업하였네

器機莫識勤尋學 (기기막식 근심학)
기기에 식견 없으니 부지런히 찾아 배우고

技術研磨進道庸 (기술연마 진도용)
기술 연마하여 떳떳한 길로 나아갈 것이다

素朴夢持勞力一 (소박몽지 노력일)
소박한 꿈을 갖고 한결같이 노력하여

希求械懸解修重 (희구계현 해수중)
희구를 기계에 매달려 분해하여 연구 거듭하였네

未成望我爲尤熱 (미성망아 위우열)
나의 바람 이루지 못할까 더욱 열심히 하여

歲月如流卓目供 (세월여류 탁목공)
세월 여류하니 안목 높이는 데 이바지하였네

編 엮을 편 **庸** 떳떳할 용 **懸** 매달 현 **希求** 바라고 구함

註解
22 진로개척

 1968년 3월 30일 제대하고 일 년 동안 농사를 지으면서 할머니와 어머니의 다툼은 언제나 나 때문에 계속되니 함께 생활하는 것이 나에게는 지옥 같은 나날이었다. 농사를 지을 토지도 얼마 되지 않고 또한 어머니와 함께 생활한다는 것은 서로간의 고통일 것 같다. 할머니를 어머니한테 맡기고 나 혼자 집을 떠난다는 것도 내 마음이 편치만은 않았다. 그러나 나에게는 선택의 여지가 없었다. 그래서 그 당해 연도에는 시골집에서 농사를 지어 가을 추수를 마쳤다.
 그러고는 무작정 서울로 올라왔다. 올라와 보니 막상 갈 곳이 없었다. 어쩌다 보니 가내공업하는 편직공장에 취업해서 3개월 동안 숙식만 제공받고 일을 하였다. 일을 하면서 다각도로 생각해 보니 이런 공장은 자본금도 많이 들지 않을 것 같고 내가 기술만 익히면 자영업으로 할 수 있을 것 같아서 밤에 일하지 않는 시간에 기계를 분해해서 내부 구조를 살피고 또한 조립하는 과정도 연구를 하였다. 일할 때는 편직에 대한 기술을 배우기 위해 옆 동료들에게 물어보고 그렇게 1년 반 동안 공원 생활을 하면서 기초적인 기술을 거의 습득하였다.
 공원 생활 1년 반 동안은 나 자신에게 매우 혹독한 나날들이었다. 결혼하면 자립을 해야 한다는 일념 때문에 切齒腐心(절치부심)한 것 같다.

結婚 (결혼)

叔來婚約見徂先 (숙래혼약 견조선)
숙부님 오셔서 혼약을 위한 선을 보러 가자시니

拒逆無爲去隨牽 (거역무위 거수견)
거역할 수 없어 끌려 따라갔네

閨秀盈心非適伴 (규수영심 비적반)
규수가 마음에 차지 않지만 반려로 맞으려

吾人耳身曷思緣 (오인이신 갈사연)
나는 몸뿐이니 어찌 인연이라 생각지 않으랴

初冬舊禮成婚度 (초동구례 성혼도)
초동에 구식으로 결혼을 법도로 하였고

翌月新行食率權 (익월신행 식솔권)
다음 달 신행하여 권문의 식솔되었네

內子獨遺京自備 (내자독유 경자비)
내자 홀로 남기고 귀경하여 자립할 준비 하고

家庭生計慽那連 (가정생계 척나연)
가정 생계를 어떻게 이어갈까 걱정이었네

牽 끌 견 **翌** 다음날 익 **閨** 안방 규 **徂** 갈 조 **曷** 어찌 아니할 갈 **慽** 근심할 척 **那** 어찌 나
閨秀 남의 집 처녀를 정중하게 이르는 말 **舊禮** 예전부터 전하여 내려오는 예법
食率 한 집안에 딸린 구성원

註解

23 결혼

  1969년 8월 어느 날 季父(막냇삼촌, 이하 숙부님)께서 서울에 올라 오셨다. "너에게 좋은 婚處가 있는데 가서 선을 보아라"고 하신다. 그러시면서 지금 바로 내려가자고 하시니 숙부님 말씀 거역할 수가 없어서 예 하고 대답하고 중앙선 청량리역에서 밤 9시에 출발하는 보통급행 열차를 타고 내려갔다. 다음 날 규수 댁에 가서 선을 보고 집으로 왔다. 규수가 썩 마음에 들지 않아서 고민하고 있을 때 숙부님께서 자꾸만 마음 결정 하라고 강권을 하시다시피 말씀하신다. 해서 나 자신을 다시 한번 뒤돌아보았다. 내가 부모도 안 계시지 가진 것이라고는 몸뿐이니 재산도 없는지라 어떤 여인이 나를 받아줄 수 있을까 싶다. 이만한 혼처가 나에게는 과분한 것 아닌가 하는 생각이 들었다. 그래 얼굴 예쁘다고 잘 살겠나? 오히려 예쁜 값이나 하려고 하면 그걸 어떻게 감당할 수 있을까 싶은 생각을 하게 되었다. 이 사람 보니 첫째 성실 근면해 보이고 둘째는 마음씨도 착할 것 같고 셋째 체격 또한 건강한 것 같으니 나의 반려자로 하자 하고 마음의 결정 하고 며칠 후에 약혼식을 하기로 하였다.

  그리고 초겨울 음력 10월 22일 결혼식을 하였다. 결혼식은 구식으로 하였는데 아침 일찍 집에서 출발해서 30리를 걸어서 숙부님(上客)과 함께 신부댁에 가서 신부집 마당의 초례청에서 초례의 예식을 마치고 한 달 신행으로 하였다. 다음 달 신행일에 우리 집에서 지인들과 동네분들, 친인척들에게 잔치를 베풀었다. 내 결혼 비용 모두를 숙부님께서 부담하시고 신부 금반지까지 해 주셨다. 신행일의 잔치에 소요되는 장보기도 숙부님께서 모두 다 봐 주시고 숙부님께서 조카를 위해 이렇게까지 해 주시는 분이 세상에 그리 많지만은 않을 것이다. 내가 가정을 이루고 생활이 약간이라도 안정되면 숙부님에 대한 은공은 꼭 갚으리라 다짐하였다.

社會生活初年生 (사회생활 초년생)

翌年賣土半持吾 (익년매토 반지오)
다음 해에 토지를 팔아서 반을 내가 가지고

十萬歸京入業途 (십만귀경 입업도)
십 만원 갖고 귀경해서 사업의 길로 들어섰네

設備工場無探妥 (설비공장 무탐타)
공장 설비할 곳 찾아도 타당한 곳 없었는데

家財住宅有求鋪 (가재주택 구포)
가재 들일 주택과 가게 있는 집 구했네

解絲莫買楥纏衆 (해사막매 원전중)
해사기는 사지 않고 많은 것 물레로 감았고

編織豊饒還躍徒 (편직풍요 환약도)
편직기로 풍요가 돌아오게 맨발로 뛰었네

出發新生難苦耐 (출발신생 난고내)
새로운 삶 출발했으니 어떤 고난도 견디고

成功一念更爲蘇 (성공일념 갱위소)
성공의 일념으로 다시 소생할 수 있었네

妥 온당할 타 **楥** 물레 원 **躍** 뛸 약 **纏** 얽을 전, 감을 전 **饒** 넉넉할 요
徒 무리 도, 맨발 도, 맨손 동

24 사회생활 초년생
註解

    1970년 봄 內子(wife)를 고향집에서 서울로 데리고 와야 하는데 그러려면 집을 구해야만 했다. 가진 돈은 없고 어머니와 할머니, 숙부님과 상의를 하였다. 작은 논 340평짜리 한 필지를 팔기로 하였다. 이 토지를 180,000원에 매도하여 80,000원은 어머니께 드리고 100,000원은 내가 가지고 서울로 올라왔다. 이때 쌀 한 가마니 값은 약 6,000원이었다. 이 돈 100,000원으로 상계1동 철거민 주택 대지 8평짜리 건물 방 한 칸 부엌 겸 공간 약 4평 되는 집을 전세 50,000원에 계약하고 남은 돈 50,000원으로 을지로 중고 기계 판매상에 가서 편직기 5대와 부속을 사서 이 공간에 기계를 설치하고 며칠 후에 숙부님께서 내자를 데리고 올라오셨다. 신혼여행이란 생각도 못 했고 신혼생활이 아닌 결혼생활이 시작되었다.

    직원 4명과 나는 편직을 하고 돈이 부족해서 해사기(실 감는 기계)를 구입하지 못해서 내자가 수동(물레)으로 실을 감아서 공급했다. 이렇게 억척스럽게 일 년을 일을 하였더니 돈이 좀 저축되었다. 마침 대지 16평에 점포가 있는 집이 매물로 나와 있다고 해서 그 집을 330,000원에 사서 공장을 점포로 옮기고 살림살이도 옮겼다. 대지 8평짜리 집에 살다가 대지 16평으로 옮기니 집이 대궐 같은 느낌이다. 큰 집으로 옮겼으니 기계 7대와 해사기도 구입해서 공장을 확장했다. 이렇게 약 2년 정도 공장을 가동하니 그 이후로 편직공장이 사양길에 접어들어서 일감이 자꾸 줄어들고 수입도 좋지 않았다.

    이 집에서 아들 딸 남매를 낳아서 큰아이가 6살 될 때까지 이 집에서 살았다. 無에서 有를 창조한다는 것이 이렇게 힘들고 어렵다는 것을 새삼 깨닫게 되었다.

一次職業變更 (일차직업변경)

纖維業界斜陽知 (섬유업계 사양지)
섬유 업계가 사양길임을 인지하고

穴肆於成轉換推 (혈사어성 전환추)
구멍가게로 전환을 추진하였네

議政食料沽配送 (의정식료 고배송)
의정부에서 생필품 사서 배송케 하고

靑凉果菜載車馳 (청양과채 재거치)
청양리에서 과일 야채 자전거에 싣고 달렸네

市場店鋪運營得 (시장점포 운영득)
시장 점포 운영함이 적합할 것 같아

賃借文房玩具爲 (임차문방 완구위)
임차하여 문방구 완구점 하였네

內子上溪廛販賣 (내자상계 전판매)
아내는 상계동 가게에서 팔고

道峰商業我初司 (도봉상업 아초사)
도봉동에 장사는 내가 맡아 시작하였네

沽 살고   肆 방자할 사   廛 가게 전   奇 부칠 기   纖 가늘 섬   穴肆 구멍가게

註解
25 가내공업에서 구멍가게로

 섬유 업계가 점점 불황이 오기 시작했다. 하지만 조금 더 기다리면서 공장을 운영하였다. 그러나 不況에서 탈피하기는 어려울 것 같은 생각이 들어서 이제 정녕 사양길로 접어드는 것이 아닌가 싶어 업종 변경을 생각했다. 우리 집이 어떤 가게를 해도 될 만한 위치였다. 구멍가게를 하면 될 것 같아서 식료품점을 하기로 작심하고 공장 기계를 모두 처분하고 식료품점으로 전환했다.

 일반 생필품은 의정부 또는 지역 도매상에서 구입하고 야채와 과일은 짐자전거 한 대를 사서 청량리시장 도매상에서 떼어서 자전거에 싣고 동일로를 따라 페달을 힘차게 밟았다. 그 당시 의정부 가는 길 3번 국도와 동일로는 왕복 2차로였다. 차가 지나가면 지금 말하는 갓길로 피해야 하는데 2차로만 포장이 되었고 갓길 쪽은 비포장이어서 먼지와 함께 넘어지기가 다반사였다.

 그래도 지칠 줄 모르고 거의 매일 청량리와 의정부를 다니면서 물건을 떼어서 판매하였다. 그렇게 억척스럽게 하였더니 여유가 조금 생겨서 도봉동 신도봉시장에 점포 한 칸을 임차하여 문방구 완구점을 오픈하였다. 청량리시장에 새벽에 가서 야채와 과일을 떼어다 집에 가게에 진열하고 집 가게는 아내가 보고 나는 조반 후에 신도봉시장에 나가서 가게 문을 열고 장사를 하였다. 공장을 운영할 때는 직원들 숙식 때문에 할머니를 모셔오지 못했으나 이제 공장을 하지 않으니 방이 여유가 있어서 할머니를 모셔왔다. 약 2년 정도 모셨는데 내가 잘 뫼시지 못해서인지 갑갑하다 하시면서 고향에 가시겠다고 하셔서 고향에 모셔드렸다.

女兒 眼疾患 (여아 안질환)

昨夜訶吾夢考章 (작야가오 몽고장)
지난밤 꿈에 선고께서 나타나 나를 꾸짖었고

親前伏矣泣淚陽 (친전복의 읍루양)
아버지 앞에 엎드려 울며 눈물 흘린 것이 선명하네

孩童痛眼視非涕 (해동통안 시비체)
아이는 눈이 아프고 보이지 않는다고 울고

婦女擁啼疼揗眶 (부녀옹제 동순광)
아내는 딸을 안고 울면서 아픈 눈자위 만져주네

病院知人趍診受 (병원지인 준진수)
지인들은 병원에 빨리 가서 진료를 받으라 하고

看兒感我去來徨 (간아감아 거래황)
내 느낌 있어 아이 돌보며 불안하지만 내일 가기로 하였네

明朝食後頤笑孋 (명조식후 신소마)
다음 날 아침 식후 웃으며 엄마 나 눈 떴어 하니

內子怡隣告會堂 (내자이인 고회당)
아내는 기뻐 이웃에 알리니 집으로 모두 모였네

趍 빨리 걸을 준　**揗** 만질 순　**眶** 눈자위 광　**啼** 울 제　**孋** 엄마 마　**摩** 만질 마　**汎** 뜰 범
頤 눈 크게 뜨고 볼 신　**徨** 헤맬 황, 불안할 황

註解
26 딸 아이의 눈 질환

   어느 날 밤 꿈속에서 내가 先考(돌아가신 아버지)로부터 꾸지람을 듣고 선고 앞에 엎드려서 눈물 흘리며 울고 있었다. 아침에 일어나니 꿈이 아주 생생하다. 이상하다는 생각이 들었다. 네 식구가 아침을 먹었다. 딸아이가 네 살이었는데 혼자 밥을 떠 먹고 말도 하였다. 딸아이가 밥을 다 먹고 숟가락을 놓으면서, "눈 아파"하면서 눈을 비빈다. 왜 그러느냐고 하고 보니 눈을 감고 있었다. 눈을 떠 보라고 하였으나 눈이 뜨이지 않는다고 하면서 울기만 한다. 나는 지난밤의 꿈이 문득 생각이 났다. 참으로 기이한 일이 아닐 수 없다. 아내는 빨리 병원에 데리고 가서 진료를 받으라고 한다. 이웃사람들도 이 소식을 듣고 모두 와서 병원에 빨리 가라고 한다. 하지만 나는 꿈이 하도 이상해서 오늘 하루 지켜보고 병원엘 가도 내일 가겠다고 생각하고 아내에게 꿈 얘기는 하지 않았다. 옛날 누님의 생각이 났다. 누님처럼 또 앞을 못 보는 것은 아닐까 하는 두려움과 걱정 속에서 하루를 보냈다.

   다음날 아침, 아침밥도 내가 숟가락으로 떠서 먹였다. 밥을 다 먹고 나서 눈을 부비더니 "엄마 나 눈 떴어"라고 한다. 어디 보자 하고 보니 정말 눈을 뜨고 있었다. 얼마나 반갑고 기쁘던지 어찌할 바를 몰랐다. 딱 24시간 만에 눈을 떴다. 아내가 이웃사람들에게 얘기하니 모두 와서 참으로 다행이다. 라고 하면서 기뻐했다. 지금 돌이켜 생각해보면 어찌 그런 일이 있었을까 싶기도 하다. 옛날 누님의 눈도 그렇고 이번 딸아이의 경우도 현대 과학이나 의술로 밝혀질 수 있을까? 하는 생각이 든다.

建築業 從業 (건축업 사업)
건축업으로 직업 바꾸다

沽家從業欲籌禔 (고가사업 욕주시)
집을 팔고 사업을 바꿔 행복을 꾀하고저

岱價期爲後拂支 (대가기위 후불지)
대지 대금은 후불로 지불하기로 기약하였네

土地變形申請府 (토지변형 신청부)
토지 형질 변경을 관청에 신청하고

梨田平坦造成基 (이전평탄 조성기)
배밭을 평탄하게 터를 조성하였네

單層建設施行策 (단층건설 시행책)
단층으로 건설할 것을 꾀하고 시행하니

洋屋竣工新築規 (양옥준공 신축규)
양옥으로 법에 따라 신축하여 준공하였네

福德出輕心賣物 (복덕출경 심매물)
복덕방에 매물로 내 놓으니 마음이 가벼웠고

契書買受有津僖 (계서매수 유진희)
매수자가 있어 계약서를 쓰니 기쁨이 넘쳐나네

禔 복 시   籌 살 주, 꾀 주   僖 기쁠 희   徙 옮길 사   津 나루 진, 넘칠 진

註解
27 건축업으로 전환

    1975년 이제 직업을 바꿔 봐야 하겠다는 생각을 하였다. 마침 상계1동에 어떤 사람이 배밭을 택지로 분할해서 분양한다고 한다. 토지 대금은 계약금만 지불하고 잔금은 집을 완공하고 전세를 놓든지 아니면 은행에서 대출을 받아서 지불하는 조건이라고 한다. 그래 이번 기회에 직업을 바꿔 보자고 생각하고 철거민 주택 대지 16평짜리 집을 1,050,000원에 팔았다. 집을 짓는 동안 방 한 칸을 월세로 구해서 이사하여 이 집에서 거주하면서, 시공을 하여 공사를 완료하고 방 한 칸을 전세 놓아서 공사비 미지불된 것을 지불하고 은행에서 대출을 받아 토지대금 잔금을 지불하고 그 집으로 이사를 하였다.(토지 대금과 건축비는 얼마인지 지금 기억나지 않는다.)

    당시 은행 대출이자는 약 연20%로 기억한다. 이사를 하고 보니 아직 건축비 미지급된 부분도 있고 은행이자 때문에, 도봉시장 문방구 가게의 수입으로는 생활비밖에 안 돼서 사채를 얻어서 메꿔 나갔다. 다행히도 복덕방(부동산을 당시에는 복덕방이라 하였다)에서 집을 팔라고 하길래 4,500,000원에 매매 계약을 체결하였다. 좀 싸게 판 것 같았지만 늘어나는 부채 때문에 어쩔 수 없이 팔게 되었다. 건축비와 토지대금을 제하고 약 600,000원의 이익이 창출된 것 같았다.

祖母任 逝去 (조모님 서거)

丙辰八月接便悲 (병진8월 접편비)
병진년 8월 슬픈 소식을 접했는데

祖母傳言逝去知 (조모전언 서거지)
조모님 서거를 알리는 전언이었네

不足孝誠寧莫事 (부족효성 영막사)
효성이 부족하여 편히 섬기지 못하였고

生存侍善這非宜 (생존시선 저비의)
생존 시 잘 뫼셔야 했지만 그러하지 못하였네

媪雖役割媓宣敎 (온수역할황선교)
비록 할머니지만 어머니 역할과 가르침 베푸셨는데

孫但無爲嫗養彝 (손단무위 구양이)
다만 손자로서 떳떳하게 봉양하지 못하였네

罔極受恩餘悔恨 (망극수은 여회한)
할머님께 입은 은혜 망극하니 회한만 남았고

吾齡傘齒慕彌慈 (오령산치 모미자)
내 나이 80되니 조모님 자비함 더욱 사모하게 되네

媪 할머니 온 **媓** 어머니 황 **彝** 떳떳할 이 **彌** 미륵 미, 더욱 미 **這** 이 저 그렇게 **逝** 갈 서
嫗 할머니 구 **悔恨** 뉘우치고 한탄함 **受恩罔極** 입은 은혜가 끝이 없음

註解
28 할머니의 별세

丙辰年(1976년) 윤8월 초4일 날에 할머니께서 별세하셨다는 연락을 받았다. 昨年에 腦卒中(뇌졸중)으로 쓰러지셨는데 병세가 위중한 편은 아니었다. 지난달에도 고향에 가서 할머니를 뵈었는데 起動(기동)도 하시고 말씀이 좀 어눌할 따름이었는데, 건강이 위협받을 만큼 나쁘지는 않았다. 그런데 웬일일까? 어머니와의 마찰로 인하여 할머니가 飮毒(음독)을 한 것이었다. 어찌하여 天壽(천수)를 다하지 못하고 이런 일이 있을까. 참으로 안타깝고 탄식할 노릇이다. 그렇다고 어머니께 원망도 책임도 추궁할 수도 없었다. 기왕 일을 당하였으니 조용히 할머니 喪事(상사)를 치르자고 생각하고 장례를 마치고 사랑방에 殯所(빈소)를 마련하고 靈位(영위)를 뫼셨다. 그리고 다음 해 小祥祭禮(소상제례)를 마치고 脫喪(탈상)을 하였다.

할머니가 돌아가시고 보니 가슴 한쪽이 텅 빈 것 같고 할머니가 더욱더 애타게 보고 싶고 그리워지는구나. 살아계실 때 효도하지 못한 것이 恨(한)으로 남고 비록 할머니지만 나에게는 언제나 어머니 역할을 모두 다 해주셨고 또한 내게 베푸신 자비와 은혜는 하늘보다 높고 바다보다 넓으나 나는 그 크신 은혜에 조금도 보답을 하지 못하였네. 또한 할머니께서 非命(비명)에 가신 것이 알려지면 집안이 시끄러워질 것이고 대외적으로도 집안의 허물이자 어머니에 대한 증오가 커질 것이 自明할 것이니 더 이상 들추어 내지 않기로 숙부님께도 말씀드렸더니 숙부님께서도 "그러자"라고 말씀하셨다. 이제야 비로소 그때의 비밀을 털어놓게 되었다. 그래서 어머니에게도 더 이상 원망스런 말을 하지 않았고 외부에 어느 누구에게도 발설하지 않았다. 하지만 어머니는 할머니께 행한 일들이 너무 지나친 것이 아닌가 싶어 어머니가 많이 원망스러웠다. 그러다 보니 어머니도 보기 싫어졌고 가까이 하고 싶지도 않았다.

할머니께서 79세에 逝去(서거)하셨다. 내 나이 80이 되고 보니 할머니의 크신 자비와 은혜가 새삼 다시 떠오르니 살아계실 적에 잘 해드리지 못한 것이 悔恨(회한)으로 남으니 흐르는 눈물을 감출수가 없구나.

      逝去日   陰曆 丙辰年 閏8月初4日
            陽曆 1976年 9月 27日

無有創造 (무유 창조)
建築사업을 하면서 무에서 유를 창조하다

自無創造有非荒 (자무창조 유비황)
무에서 유를 창조하는 것은 허황된 것이 아니라

節約勤儉照瑞光 (절약근검 조서광)
근검하고 절약하면 서광이 비치리라

移徙沽家成劃建 (이사고가 성획건)
집을 팔고 이사하니 계획을 세우게 되고

遷居買垈搆希將 (천거매대 구희장)
대지 사서 집 지어 거처 옮기니 희망으로 나아가네

吾爲雜事然錢集 (오위잡사 연전집)
잡다한 일은 모두 내가 하니 돈이 모이고

他任才能若貨昌 (타임재능 약화창)
기술 분야 타인에게 맡기니 재물 불어나는 것 같네

不息緊支勞盡力 (불식긴지 노진력)
쉬지 않고 지출 줄이고 힘을 다해 노력하니

隨財富潤屋觀望 (수재부윤 옥관망)
재물이 따르니 부윤옥을 관망하네

緊 줄일 긴 **搆** 얽을 구, 집 지을 구 **隨** 따를 수 **遷** 옮길 천 **沽** 팔 고 **將** 장수 장, 나아갈 장
富潤屋 재물이 넉넉하면 겉으로 보기에도 집안이 윤택해 보임

註解
29 無有創造 (무유 창조)

無에서 有를 창조한다는 것은 심히 어려운 일이다. 그러나 불가능한 것은 결코 아니다. 근검절약(勤儉節約)을 항상 염두에 두고 돈을 벌 때는 한 푼이라도 더 벌려고 노력하고 쓸 때는 한 푼이라도 아껴 쓰겠다는 마음가짐을 가지면 누구나 성취할 수 있을 것이다. 옛말에 대부(大富)는 유천(有天)하고 소부(小富)는 유근(有勤)이라 하였으니 부지런히 노력하면 큰 부자(財閥)는 되지 못해도 일상생활을 영위(營爲)하는 데는 충분하리라 생각한다. 또한 단단한 땅에 물이 고인다고 하지 않았던가. 누구나 마음을 단단히 하고 행실도 단단히 하면 성공할 수 있다고 생각하는 바이다.

天幕生活 (천막생활)

年間移住害參僖 (연간이주 갈삼희)
일 년에 이사를 세 번하니 어찌 즐겁지 아니할까

天幕家財活莫悲 (천막가재 활막비)
천막에 살림살이 넣고 살아도 슬프지 않네

建築投機非富益 (건축투기 비부익)
건축은 투기로 부를 더하는 것이 아니고

構沽代價努於追 (구고대가 노어추)
집 지어 판다는 것 노력의 댓가를 추구함이네

家兒燭下工夫樂 (가아촉하 공부락)
아들 천막 속 촛불로 공부하며 즐거워하고

女息昏中自習宜 (여식혼중 자습의)
딸은 날 저문 가운데 온화하게 자습하네

幾月汗流功畢役 (기월한류 공필역)
몇 달 동안 땀 흘린 보람으로 필역하고

難關克服徙津怡 (난관극복 사진이)
난관을 극복하고 이사하니 즐거움이 넘치네

害 해할 해, 어찌아니할 갈 **津** 나루 진, 넘칠 진 **構** 얽을 구, 집 지을 구 **徙** 옮길 사

註解
30 天幕生活 (천막생활)

　去年에 건축을 완공해서 입주해서 살던 집이 금년 연초에 賣買가 되었다. 계약서대로 잔금 일자에 잔금을 수령하고 집을 명도해 주고 월세방 한 칸을 계약해서 입주하였다. 그리고 집 지을 토지를 사서 건축 공사를 시작해서 약 4개월여에 걸쳐 공사를 완료하여 입주를 하였다. 이 당시에는 단층집으로 방 4칸 중 안채로 방2 거실 욕실은 집주인이 거주하고 갓방 두 칸은 부엌1 방1, 화장실은 외부에 설치하고 두 가구가 거주할 수 있게 하여 전세로 임대하는 것이 건축하는 사람들의 기본이었다.

　그리고 또 이 집을 매도 계약을 하였다. 기분이 참 좋았다. 내가 이사를 세 번 해서 즐겁다는 것은 집을 지어서 일 년에 집을 두 채를 팔았다는 것이다. 힘이 들어도 노력의 대가가 그만큼 많아지는 것이니 즐거울 수밖에.

　또 다시 건축할 토지를 구입해서 공사를 시작하였다. 그러는 도중 잔금날이 다가와서 집을 명도해야만 했다. 몇 달 동안 거주할 셋방 구하기가 어려울 것 같아 천막상회에 가서 천막집을 만들어서 공사장 옆에 천막을 치고 살림살이를 모두 천막 안에 정리하고 전기도 인입하지 못하여 촛불로 생활하고 이때 아들은 초등학교 1학년이고 딸은 유치원에 다녔다. 천막 속의 촛불 아래서도 아이들이 투정 부리지 않고 공부도 열심히 잘하고 있어서 어린 아이들한테 미안하기도 하지만 한편 아이들이 대견스러웠다.

　이때가 8월 늦장마와 태풍이 심술을 부렸다. 태풍으로 천막이 쓰러지면서 일부 살림살이가 비에 많이 젖었다. 심지어 잠자리마저 모두 젖었다. 간신히 아이들 잠자리는 마른자리 마련해서 재우고 우리 부부는 뜬눈으로 밤을 지새웠다. 이렇게 삼복더위와 장마 태풍 속에서 모든 것을 이겨내고 어렵사리 집을 완공하였다. 완공된 집으로 살림살이를 천막 속에서 꺼내어 옮겼다. 새집으로 옮겨 놓고 보니 그 어느 때보다 집을 장만한 성취감은 배가되었다.

　천막 속에서 비 맞으면서 고생해서 그런가 아이들이 너무 좋아한다. 아이들 좋아하는 것을 보니 가슴이 찡하면서 눈물이 핑 돈다. 이 아이들도 부모 잘못 만나서 이렇게 고생하는구나 싶다. 그런 가운데서도 자그마한 조건의 환경 변화에 이렇게 좋아하니 앞으로 더욱 더 열심히 일해서 내 아이들 훌륭하게 성장시켜야겠다는 각오를 다짐하게 되었다.

舍弟上京 (사제상경)
동생 상경

農村農弟苦無望 (농촌농제 고무망)
농촌에서 농사짓는 동생 고생만 하고 희망이 없어

商業來京勸誘强 (상업래경 권유강)
서울 와서 장사할 것을 강력 권유하였네

賃借店鋪期興盛 (임차점포 기흥성)
점포 임차하여 흥성하길 기대하고

運營家具冀繁昌 (운영가구 기번창)
가구점 운영으로 번창하길 바랐네

多量販賣開廛悅 (다량판매 개전열)
다량 판매로 가게 열기를 기뻐했는데

不實經難閉業傷 (부실경난 폐업상)
부실한 경영난으로 폐업하고 상처만 남았네

同氣富强生願我 (동기부강 생원아)
동기간 부강하게 사는 것이 나의 원이었는데

吾財贈半發無光 (오재증반 발무광)
내 재산 반을 들여 차렸으나 빛을 발하지 못했네

廛 가게 전 **贈** 줄 증 **經難** 어려운 일을 겪다 **舍弟** 남에게 아우를 겸손하게 이르는 말

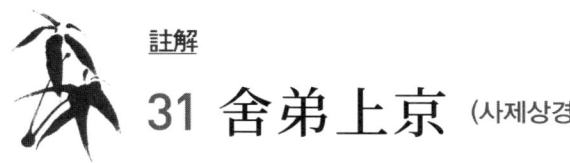

註解
31 舍弟上京 (사제상경)

　동생이 어머니와 함께 고향에서 농사를 짓고 있었다.(1970년) 농촌에 田畓이 많지 않아 농사로는 먹고살기가 너무 어려울 것 같아 농한기에 부업을 하는 것이 가계에 많은 도움이 되지 않을까 싶어 가마니 짜는 기계를 사 주었다. 그때는 요즈음처럼 푸대라는 것은 전무하였고 모든 곡식과 농산물은 가마니에 넣어서 유통되어서 가마니 소비가 많았는데 물량이 부족해서 있으면 있는 대로 판매할 수 있어 농한기 부업으로 짭짤한 수입원이었다. 그리고 그 당시에는 소로 논밭을 갈고 짐도 실어 나르곤 하였다. 하지만 고향집에는 소가 없었다. 해서 中소 한 마리를 사주었다. 그 당시 큰소 한 마리 값은 논 한 마지기(200평)값과 거의 맞먹는 값이었다. 그렇게 해 주었으나 農閑期 가마니 짜는 부업도 하지 않는 것 같았다. 그리고 소도 몇 달 기르다가 팔아서 써버리고 없어졌다.

　그래서 곰곰이 생각해 보니 내가 서울로 데려가서 장사할 수 있는 가게를 차려주어야 하겠다는 생각이 들어 동생에게 의사를 전달하였더니 내 뜻에 따르겠다고 한다. 나 역시 그 당시 소규모의 건축업을 하고 있었지만 사업자금이 반은 남의 빚이었다. 공사가 끝나면 지상 방 2칸을 전세로 임대하고 은행 대출을 받아서 공사에 투입된 자재비 인건비 그리고 토지 대금 미지급분을 지불하였다. 1976년 당시에도 단독주택 대지 60평, 건평 지상1층 30평, 반지하,20평을 갓방 2칸과 반지하방을 전세로 임대하고 은행융자를 300만원을 받았다. 융자 받은 그 돈 300만원으로 신도봉시장에 점포를 임대하여 동생이 가구점을 차리고 살림집은 반지하 방 한 칸을 전세로 임대하여 살게 하였다. 당해 연도에 그 집을 900만원에 매도계약을 체결하였다. 매매대금은 900만원이지만 은행 대출금과 전세 보증금을 제하니 남은 돈은 겨우 300만원이 채 되지 않았다. 그 돈으로 다시 토지를 사서 집을 지어서 파는 사업을 이어갔다.

　하지만 동생의 가구점은 매출은 그런대로 큰돈을 벌 수는 없을 정도지만 상상외로 매출이 많았다. 하지만 그것도 약 2년 정도 하더니 가게에 물품이 꽉 차 있어야 할진대 가게가 텅 비었다. 점포 임대료와 관리비도 연체가 되었고 더 이상 지탱하기가 어려울 것 같았다. 나로서는 더 이상 돌봐줄 여력이 없었다. 그래서 동생은 폐업을 하였다.

舍弟債務 辨濟 (사제 채무변제)
동생채무 변제

外親舍弟債非償 (외친사제 채비상)
동생이 외친으로부터 빚을 갚지 못해

從妹兒來祖忌堂 (종매아래 조기당)
외사촌누나는 아이들과 조모님 제삿날 집으로 왔네

我報要求騷亂化 (아보요구 소란화)
나에게 대신 갚으라고 요구하며 소란을 피웠고

母支慫慂責望强 (모지종용 책망강)
어머니도 지불하라 종용하며 강하게 책망하였네

今時未給歸家不 (금시미급귀가불)
지금 주지 않으면 귀가하지 않겠다고 하여

月內爲酬返席當 (월내위수반석당)
월내에 갚겠다고 하였으나 이 자리에서 주면 돌아간다고 하네

錢受退無前一足 (전수퇴무 전일족)
돈 받기 전에는 한 발도 물러서지 않겠다고 해서

融通三割利歛償 (융통삼할 이감상)
월 3할 이자로 융통하여 갚아 주었네

遑 급할 황　**歛** 줄 감　**慫** 권할 종　**慂** 권할 용　**酬** 갚을 수　**外親** 외가집

註解
32 동생 채무를 갚다

  언제인지는 모르겠으나 동생이 형편이 궁해서 외사촌누나(지금 어머니 친정 질녀)에게 50만 원을 빌려 쓰고 그 돈을 갚지 못한 것이었다. 1980년 음력 8월3일 조모님의 기일이다. 內子는 祭需를 장만하느라 바빴고 나는 가게(문방구) 보느라 가게에 있었는데 외사촌누나가 아이들 3명을 데리고 우리 집으로 쳐들어 왔다. 어찌 왔느냐고 물었더니 영학이 동생에게 돈 50만 원을 빌려 주었는데 주지 않고 있어서 남편으로부터 애들과 함께 쫓겨났으니 그 돈 받아오지 못하면 집에 들어오지 말라고 한다면서 형인 영태가 대신 갚아 달라고 한다. 너무나 어이가 없다. 그래서 동생이 정말 갚을 능력이 없어서 갚지 못하면 그때 내가 갚아줄 테니 집으로 돌아가라고 하였으나 돈 받기 전엔 갈 수 가 없다고 하면서 버틴다.

  그 당시 50만원이면 상당히 큰 금액이었다. 참고로 내가 1987년 도봉동에 삼환아파트 전용면적 79㎡ 분양가가 34,424,000원이었으니 지금 가치로 따진다면 엄청난 돈이다. 그 큰돈이 당장 내 수중에 있을 수도 없었고 있지 않았다. 그래서 빚을 내서라도 2~3일 내로 갚을 테니 돌아가라고 하였으나 막무가내로 돈 받기 전에는 한 발짝도 물러서지 않겠다고 한다. 어머니도 그때 내가 모시고 있었다. 어머니도 그 돈 지금 당장 갚아 주라고 성화시다. 다음 날 하는 수 없이 아내가 사채를 구하러 여기저기 다녔으나 당장에 그 큰돈을 구할 수가 없었다. 그래서 그 당시 달라 돈이라는 고금리 사채업자들이 있었다. 금리는 하루에 1% 월 30%였다. 그러나 하는 수 없어 그 비싼 고금리 사채를 쓸 수밖에 없었다. 50만 원을 하루 1%의 이자로 차용해서 外從누나에게 주어서 돌려보냈다.

  그 다음 날 외사촌 매형에게 전화해서 돈을 꼭 그렇게 비굴하게 받아내야 하겠냐고 항의하였으나 미안하다 또는 고맙다 라는 말 한마디 하지 않는다. 그 후 그 집과는 물론이고 외갓집과도 사이가 멀어졌다.

孫不顧 祖母 (손불고 조모)
손자 돌보지 않는 할머니

居偕難測母心强 (거해난측 모심강)
함께 살아도 어머니 마음 강해서 헤아리기 어렵고

配慮無爲那慽將 (배려무위 나척장)
배려함이 없으니 장차 어찌할까 걱정이네

女息幼稚來靡困 (여식유치 래미곤)
딸은 유치원 갔다 오면 피곤해 쓰러지고

長男初校返遊傷 (장남초교 반유상)
장남은 학교에서 돌아와 놀다가 다치곤 하였네

工夫論難連遊室 (공부논란 연유실)
공부하며 논란하고 집안에서 놀이를 이어가고

復習諍友有躍場 (복습쟁우 유약장)
복습하며 친구와 논쟁하며 마당에서 뛰놀고 있네

不顧孩童過飮酒 (불고해동 과음주)
아이들 돌보지 않고 음주로 지내면서

孫湔非食莫僵眠 (손전비식 막강면)
손자는 씻지도 않고 저녁도 먹이지 않고 쓰러져 잠들었네

那 어찌 나   慽 근심할 척   靡 쓰러질 미   顧 돌볼 고   湔 씻을 전   僵 넘어질 강

註解
33 손자 돌보지 않는 할머니

  1980년초부터 어머니를 내가 모시고 함께 살았다. 어머니는 나 어릴 때부터 나를 못마땅해했고 또한 같이 살면서도, 나로서는 진짜 어머니께 잘해야겠다는 일념으로 잘해왔지만 어머니는 항상 내게 원망 가득한 눈빛이었다. 일찍이 아버지가 돌아가시고 靑春에 寡守가 되어 마음고생이 많았음을 누구보다 잘 안다. 그래서 어머니를 생각하면 언제나 마음이 짠하면서 안쓰럽고 가여워진다. 그래서 내가 더욱 잘 모셔야겠다 생각하고 내 집으로 모셨다.

  이때 아들은 도봉초등학교 2학년이고 딸은 도봉유치원에 다녔다. 나는 아침 식사 마치고 공사현장으로 나가야 하고 아내는 아이들 유치원과 학교에 보내고 생업의 일터인 시장 문방구 가게에 나간다. 점심시간쯤 되면 아이들이 학교와 유치원에서 귀가하면서 가게에 들러서 엄마랑 라면을 끓여서 먹고 집으로 보낸다. 하지만 아이들은 집에 가서 방에서 숙제하며 놀다가 또한 밖에 나가서 친구들과 흙장난으로 놀다가 해가 질 때쯤이면 집에 들어가서 씻지도 않은 채 쓰러져 잔다. 어머니는 어머니대로 술에 취해 주무신다. 아내가 가게 문을 닫고 들어가서 저녁밥을 지어서 아이들 깨워서 씻기고 또한 어머니도 깨워서 저녁을 드시게 했다고 한다. 나는 일이 끝나면 일꾼들 함바집에서 술 한잔 사주고 뒷정리를 하고 나면 항상 늦게 들어갔다. 아내로부터 이런 말을 몇 번 들었다. 그럴 때마다 설마 어머니가 그러실까 하며 아내를 나무랐다.

  그러던 어느 날 오후에 비가 와서 일을 하지 못해서 현장 뒷정리를 마치고 일찍 집에 돌아왔다. 와서 보니 역시 아내가 내게 하던 말 그대로였다. 아들은 자기 방에서 딸은 안방에서 어머니는 거실에서 모두 잠들어 있었다. 나는 깜짝 놀랐다. 어머니를 깨우니 지금 몇 시냐고 하신다. 정말 目不忍見인 것은 아이들은 비를 맞아서 옷과 양말이 젖은 상태로 쓰러져 자는 것이었다. 너무나 어이가 없다. "할머니가 되어서 어떻게 손자 손녀를 이렇게까지 방치할 수가 있단 말인가"라고 어머니에게 처음으로 항의를 하였다. 그래서인지 며칠 계시다가 하시는 말씀이 나는 이제 너하고 같이 있기 싫다고 하시면서 내 아들 집에 가서 사시겠다고 하셨다. 이때 어머니의 연세는 50세였다.

이 당시 아내는 막내를 임신해서 산월이었다. 外從누나가 동생 빚 때문에 집에 쳐들어와서 난리를 피우고 그 빚을 내가 갚아 주고 며칠 후 추석 전에 동생 집으로 가셨다. 그리고 추석날 秋夕祭禮를 위한 祭需 장만도 아내가 혼자 만삭의 몸으로 다하고 추석날 제례의 메밥을 푸는 것도 일어설 수가 없어서 앉아서 푸고 제례가 끝나고 음복을 하고 난 후 방에 들어가서 혼자 출산을 하였다.

그런 와중에도 어머니는 3일 만에 동생댁으로 또 가셨다. 남편인 내가 집에서 뒷바라지를 한다고 하였지만 제대로 된 뒷바라지를 하지 못한 것같았다. 그때 산후조리를 못해서 그런지 몸이 약해지고 자주 아프고 지금껏 잔병치레를 하면서 건강이 많이 나쁘다. 면역력도 함께 떨어져서 매우 약해져 있다. 나는 그것이 아내에게 죄를 지은 것 같고 미안한 마음을 언제나 떨칠 수 없다. 더구나 지금 이 코로나가 2년 가까이 창궐하고 있는지라 아내가 면역력이 약해져 있고 또한 내가 지은 죄가 있어 외출할 때는 대중교통을 이용하기에는 위험부담이 있어 내가 승용차(genesis)로 언제나 꼭 같이 데려다 주곤 한다. 내 나이 산수가 되고 보니 아내의 소중함을 절실히 느끼고 깨닫게 된다.

34

遺風奉承 (유풍봉숭)

山明水麗是三春 (산명수려 시삼춘)
산명이 수려한 이곳 삼춘땅에서

世世權門置本倫 (세세권문 치본륜)
대대로 권문은 윤리에 근본 두었네

和合敦宗傳后氣 (화합돈종 전후기)
화합하고 돈종한 기세 후대까지 전하고

精誠崇祖續長神 (정성숭조 속장신)
정성으로 조상 숭배 정신 오래도록 이어가세

頻遭執手非餘臆 (빈조집수 비여억)
자주 만나 악수 못 하지만 가슴에 남아 있고

遠離存心莫至身 (원리존심 막지신)
멀리 떠나 있어 마음은 있지만 몸이 이르지 못하네

血族會諸偕墓祀 (혈족회제 해묘사)
혈족이 모두 모여 함께 묘사 올리고

遺風活性奉承眞 (유풍활성 봉승진)
유풍을 활성화하여 봉승함이 진리일세

頻 자주 빈 **遭** 만날 조 **臆** 가슴 억 **敦宗** 일가 사이가 정이 두텁고 화목함
遺風 옛부터 전해 내려오는 풍속 **奉承** 웃어른들의 뜻을 받들어 잇다

註解

34 遺風奉承 (유풍봉숭)

　山紫水麗한 三春땅에 5代 祖任께서 터 잡은 지가 200년이 지났네. 예로부터 권문은 양반가문으로 名聲이 나 있다. 이런 가문의 선조님들의 명예에 먹칠이라도 할까 항상 근신하고 또 근신하였네. 陽根金氏 집성촌에 끼어서 대대로 당당하게 살아왔고 선대 삼형제분 슬하에 12종반이 되었으나 모두가 직장 찾아 서울, 경기, 강원, 대구 등 산재해 살고 있으나 벌초할 때나 묘사 봉행할 때는 모두 모여 崇祖사상을 여실히 잘 보여주고 있다. 요즈음은 사회통념 상 묘사를 봉행하는 집안은 거의 없는 것 같다. 그래서 우리도 3년 전부터 벌초할 때 헌작하고 묘사봉행을 하지 않으니 후손된 도리를 다하지 못하고 있어서 마음 한 편은 늘 조상님들께 죄송한 마음 무어라 표현할 수가 없네.

　따라서 우리 종반들이 자주 만나서 손잡고 기쁨을 나눌 수는 없지만 집안에 大事가 있으면 모두 모여 축하해주고 연회의 자리를 빛나게 하네. 喪事가 있어도 종남매 간 모두 모여 슬픔을 같이 나누고 상사가 끝날 때까지 모두가 합심해서 일을 모두 마치고 헤어진다네.

自動車購買 (자동차구매)

癸亥春運免許持 (계해춘운 면허지)
계해년봄 자동차 운전 면허증을 따고

小型現代注文爲 (소형현대 주문위)
현대자동차의 소형차 주문하였네

吾齡不惑購車樂 (오령불혹 구차락)
내 나이 불혹에 차를 사니 즐거웠고

子歲沖年試乘僖 (자세충년 시승희)
맏아들 나이 충년에 시승해 보고 기뻐했네

道路滯非飛返處 (도로체비 비반처)
도로가 막히지 않아 처소로 오는 것도 빠르고

通行圓滑短云時 (통행원활 단운시)
통행이 원활해서 단시간에 이르렀네

自家往驅異人品 (자가왕구 이인품)
자가용 몰고 가면 인품이 달라지고

羨望豊饒對象而 (선망풍요 대상이)
풍요로워 선망의 대상이었네

滑 미끄러울 활   羨 부러워할 선   驅 몰 구   不惑 나이 마흔을 달리 이르는 말   胤子 맏아들
沖年 열 살 안팎의 어린 나이

註解
35 자동차 구매

사업을 하려니 機動力이 필요했다. 기동력 없이는 불편함은 감수하겠지만 사업의 능력과 효율면에서는 꼭 필요한 존재라 생각하고 1983년(癸亥年) 봄 한남동 운전면허 시험장에 가서 면허시험을 보았다. 1종면허를 소지하면 혹여 직업이 될까 염려되어 2종으로 봐서 첫날 학과시험 합격하고 실기에서 불합격해서 한 달 후에 재차 봐서 합격하였다.

그리고 며칠 있다가 현대자동차 딜러 직원에게 소형차 pony 2,1500cc를 계약하고 한 달 후에 차를 인수하였다. 이때 자동차 값은 약 4,200,000만원으로 기억된다. 운전 경험이 전무한 상태라 운전하는 친구에게 하루 연수를 받았다. 그 다음 날부터는 혼자서 운전했다. 이때만 해도 차가 많지 않은 때라 승용차를 자가용이라고 하고 도로에도 차가 밀리지 않고 밀려 봤자 신호대기에나 조금 밀리지 그 외에는 밀리는 구간이 별로 없었다.

그 당시 승용차 있는 집이 열 집에 한 대도 채 되지 않았다. 그래서 자가용 가진 사람을 부럽게 생각하는 사람들이 대다수였다.

36

共同住宅入住 (공동주택 입주)

賣家傳貰除些融 (매가전세 제사융)
집을 팔고 전세와 융자 제하니 돈이 조금이고

單獨共同尤價隆 (단독공동 우가융)
단독이 공동주택보다 값이 더 높았네

會社利無歙入住 (회사이무 감입주)
회사 무이자 융자 주어서 입주하고

銀行貸出受沽宮 (은행대출 수고궁)
은행 대출 받아 집을 샀네

敎科受講諸澌力 (교과수강 제사력)
교과서로 수업하고 모든 역량 다했고

課外工夫莫俾侗 (과외공부 막비동)
과외 공부도 정성들여 시키지 못했네

入學本人希大學 (입학본인 희대학)
본인들이 희망하는 대학에 입학할 수 있었고

同時卒業採成公 (동시졸업 채성공)
졸업과 동시에 공직에 채용되었네

些 조금 사　歙 줄 감　沽 살 고　澌 다할 시　俾 시킬 비　侗 상심할 동, 정성 동

 註解
36 아파트 입주

  1987년 10월 21일 도봉동 삼환까뮤아파트 미분양된 것 29평형 3동 801호 수의 계약을 하였다. 총액 34,424,000원 계약금200만 원 지불하고 은행에서 700만 원 대출 받고 건설회사 무이자융자 5백만 원 받고 잔액 20,424,000원은 11월 22일 입주 시 지불하기로 하였다. 도봉중학교 뒤에 단독주택을 지어 입주해서 살다가 팔고 나니 은행 대출과 전세 보증금을 제하니 내가 살 단독주택 전세금이 부족하고 위와 같이 아파트 입주하면 자금 여유가 조금이나마 생길 것 같았다. 그러나 다음 집을 지을 자금은 턱없이 부족한 실정이다.

  자금난이 겹치다 보니 아들 딸 중고등학교 6년 동안 과외교육 한 시간도 시키지 못했다. 그렇지만 자기들이 알아서 열심히 공부해서 반에서는 5등 안에 전교에서도 둘 다 상위권에 속했다. 이 정도 공부하는 아이들을 조금만 과외를 시키고 뒷받침을 해주었으면 더 좋은 대학에 진학할 수 있었을 것인데 하는 아쉬움과 부모로서 무능했구나 하는 것이 恨으로 남고 아들 딸에게도 항상 미안한 마음이다. 아들 딸 모두 서울의 4년제 대학을 졸업하고 아들은 법원 공무원으로, 딸은 대학 강사로 재직 중이다.

女息事故 重傷 (여식사고 중상)

進學歡情暫逼悲 (진학환정 잠핍비)
대학 진학의 기쁨도 잠시뿐 슬픔이 닥치고

列車事故命傷危 (열차사고 명상위)
열차사고로 목숨이 위태롭게 다쳤네

醫師手術精良在 (의사수술 정량재)
의사의 수술은 정량함이 있었고

看護療治細密施 (간호요치 세밀시)
간호사는 치료를 세밀하게 도와주었네

深痛女兒中忍漏 (심통여아 중인루)
여아는 상처의 심한 통증도 눈물을 속으로 참고

憂愁父母內吞遺 (우수부모 내탄유)
부모에게 근심 걱정 끼칠까 안으로 삼키네

非開艷蕾漆前眼 (비개염뢰 칠전안)
아름다운 꽃봉오리 못 필까 눈앞이 캄캄하였고

耐苦彊神勝健期 (내고강신 승건기)
강한 정신력으로 고통 참고 이겨 건강하길 바라네

艶 예쁠 염　**蕾** 꽃봉오리 뢰　**吞** 삼킬 탄　**漆** 옷 칠　**逼** 닥칠 핍
歡情 기뻐하고 즐거워하는 마음　**精良** 정교하고 훌륭하게　**艶蕾** 아름다운 꽃봉오리
療治 상처를 잘 다스려 낫게 함　**深痛** 몹시 아파함

註解
37 딸의 사고

　막냇동생 나이가 서른 살이 돼가는데 아직 결혼을 시키지 못해서 항상 걱정이다. 內子 역시 아들보다 시동생을 먼저 결혼을 시켜야 순리인데 아들이 먼저 결혼하겠다고 여자친구 데려올까 늘 걱정을 했다. 그러던 중 동생이 여자를 데리고 왔다. 소아마비를 앓은 장애인이다. 그날이 先考(아버지) 기일이다. 고향의 숙부님과 고모님도 오셨다. 어머니는 그 이전부터 그 아가씨를 여러 번 만나 보고 맘에 든 모양이었다. 숙부님과 고모님도 맘에 들지 않는다고 하셨고 나 역시 장애 때문에 맘에 안 든 것이 아니라 말씨와 예의범절이 전혀 되어 있지 않는 것 같아서 썩 맘에 내키지 않는다고 하였더니 어머니는 "장애 때문에 그러느냐?" 하면서 "너의 딸 그래 봐라" 라고 저주의 악담을 퍼부었다. 그 말을 들을 때 정신이 몽롱해지면서 아무런 생각이 없어졌다. 방에 있던 가족 모두가 듣고 한참 동안 침묵이 흘렀다.

　그날 이후 한 달 만에 어머니의 저주가 현실로 이어졌다. 대학교 1학년 때 사고로 두 다리에 중상을 입은 것이다. 이 글을 쓰기도 싫고 또한 생각조차 떠올리기 싫다. 하지만 마음을 가다듬고 다잡아본다. 대학 1학년 꽃봉오리 맺었다가 피어 보지도 못하고 이게 무슨 날벼락인가? 내가 전생이나 현생에서 무슨 죄를 많이 지었기에 자식에게 이런 변고가 생긴단 말인가, 억장이 무너진다. 내가 왜 그때 동생의 결혼을 반대했던가. 반대만 하지 않았다면 어머니께 그런 저주의 악담을 듣지 않았을 터이고 그랬다면 이런 끔찍한 일도 당하지 않았을 터인데 싶어 나 자신이 한없이 원망스러웠다. 역시 繼母(계모)는 계모구나 라는 생각이 들었다. 지금까지 나에게 나를 학대하는 것은 그러려니 하고 참고 살아왔으나 내 자식에게까지 이런 화가 미칠 말을 한 것은 도저히 용납할 수가 없었다. 그래도 나는 우리어머니가 나에게 모질게 해도 계모라는 생각을 하지 않고 살아왔다.

하지만 누굴 원망하기보다는 딸아이의 치료가 우선이다. 큰아들은 대학 다니다가 군대에 가 있고 막내아들은 중3이었다.

나는 그때 건축사업을 하였다. 아침 일찍 현장에 나가서 일을 보고 퇴근 시 병원에 들러 딸아이 얼굴 보고 집으로 돌아온다. 집에 오면 막내아들 혼자 잠을 자고 있다. 막내의 잠자는 얼굴을 보노라니 눈물이 쏟아진다. 先考의 영정을 부둥켜안고 흐르는 눈물을 감당할 수 없어 통곡도 하였네.

병원에서 입원치료 중일 때 어느 종교단체에서 지구의 종말인 휴거가 온다고 한다. 나는 제발 그렇게 되길 믿고 바랐다. 그날 밤에 집에 와서 혼자 잠을 자면서 오늘밤이 마지막 밤이 되고 내일이 없기를 바라고 잠이 들었다. 잠이 깨니 여전히 아침이었다. 너무나 허전하고 그렇게 허무할 수가 없었다. 이것이 내가 바라던 게 아닌데 싶어 슬픔의 한숨과 눈물이 쏟아진다. 또 종교단체에서는 날짜를 잘못 맞춰서 휴거가 오지 않았다고 하면서 일주일 뒤에는 반드시 지구의 종말이 온다고 한다. 나는 또 한번 그날을 기대하였다. 하지만 그날도 역시 종말은 오지 않았다. 내가 이런 허황된 말에 의존하여 가상의 세계를 기대하는 것이 어리석은 생각이었구나 싶어 나 자신을 꾸짖어 보았다. 병원에서 몇 달을 치료와 수술을 반복하는데 그 통증이 얼마나 심했을까 하지만 어미 아비 앞에서는 눈물을 보이지 않는다. "그래도 나 죽지 않았으니 다행 아니냐"며 도리어 부모 걱정하면서 위로한다. 그 큰 상처의 아픔을 혼자 감내하며 엄마 아빠 앞에서는 걱정할까 봐 눈물을 보이지 않았다. 그러니 나와 內子(처)는 슬픔이 북받치면 밖에 나가서 엉엉 울곤 하였다. 그렇게 치료가 끝나고 대학을 졸업하고 지금은 대학교 강사로 재직 중이다.

末弟結婚式 (말제 결혼식)

막내 남동생 결혼식

慈親末弟活偕初 (자친말제 활해초)
어머니는 막내동생과 처음부터 같이 살았고

就業全無職場儲 (취업전무 직장저)
취업해 직장 다녔으나 모아둔 돈은 전무하였네

而立因緣尋力盡 (이립인연 심력진)
이립이 되니 인연 찾으려 온 힘을 다했고

靑年結婚有絿舒 (청년결혼 유구서)
청년이 되어 결혼을 서둘러 펼칠 수 있었네

資金賃借吾千授 (자금임차오천수)
임차 자금으로 내가 천만 원 주었고

擔保時居次二扶 (담보시거 차이부)
사는 집 담보로 둘째는 이천만 원 전했네

費用結婚諸負我 (비용결혼 제부아)
결혼에 들어가는 비용 모두 내가 부담하였고

休嘉永遠赫如璵 (휴가영원 혁여여)
이 경사스런 일은 영원히 옥같이 빛날 것이다

儲 쌓을 저　**絿** 급할 구. 서두를 구　**舒** 펼 서　**璵** 옥 여　**時居** 현재 살고 있음
慈親 어머니(남에게 나의 어머니를 말할 때)　**而立** 나이 서른을 달리 일컫는 말　**休嘉** 경사스러운 일

註解
38 막내동생 결혼식

　동생 결혼문제로 어머니로부터 그런 끔찍한 저주의 악담을 받고 그것이 내 딸에게 현실로 이어졌지만 여타 사람들 같았으면 당신 아들 결혼을 시키든지 말든지 나 몰라라 했을 사람들이 많았을 것이다. 하지만 나는 동생들만큼은 혈육이기에 엄마는 친엄마가 아니구나 라는 생각을 한 적은 있지만 동생들만큼은 내 친동생이 아닌 이복동생이란 생각은 한 번도 하지 않았다.

　內子와도 여러 번 말했지만 내 아들딸이 동생보다 먼저 결혼하겠다고 할까 봐 늘 걱정하였다. 그것이 걱정된 나머지 아내는 지인들을 만나면 우리 시동생 중매 좀 해달라고 부탁을 하였다. 그러던 어느 날 아내의 지인으로부터 좋은 규수가 있으니 선을 보라 한다. 해서 동생에게 연락해서 선을 보이고 마침내 혼사가 성사되었다. 그 이전에 동생은 술을 좋아해서 월급을 받으면 술로서 모두 탕진해 버린 것 같았다. 너무나 답답한 나머지 나는 동생에게 제안했다. 너가 결혼할 때까지 저축해둔 금액의 200%를 내가 더 주겠다고 약속을 했다. 하지만 막상 결혼시키려고 너 돈 얼마나 저축해 놓았느냐고 물었더니 돈이라고는 무일푼이었다. 너무나 한심하였다. 그때까지 어머니와 함께 거주하며 어머니도 일을 하셨고 어머니가 뒷바라지를 모두 다 해 주었으나 돈은 전무하였다. 정말 기가 막혔다.

　결혼을 시키면 당장에 살림집을 구해야 하는데 막막하였다. 둘째동생과 결혼할 막냇동생을 불러서 상의를 했다. 상계동에 소형 24평형 아파트 전세값이 4,000만원이었다. 막냇동생이 신부가 아파트 구하는 데 1,000만 원을 보태겠다고 한다고 한다. 그래서 내가 1,000만 원 주기로 하고 둘째동생은 현금이 없으니 본인이 사는 집 담보로 융자를 2,000만 원을 받아 주기로 하며, 반면 대출금의 원금과 이자는 결혼할 막냇동생이 상환하기로 약속하고 추진하여 아파트 전세계약을 체결하였다. 그리고 결혼 폐물과 혼수 장만하는데 둘째동생이 조금 보태고 모든 것을 아내가 준비 장만하고 드디어 1996년 4월 20일 결혼식을 거행하였다. 결혼식장 비용 및 식대도 모두 내가 부담 지불하였다.

長男就職結婚 (장남취직결혼)

長男大二入於軍 (장남대이 입어군)
큰아들 대학 2학년 때 군에 입대하였고

除隊絿爲復學云 (제대구위 복학운)
제대하고 급히 복학하기에 이르렀네

卒業國家公進化 (졸업국가 공진화)
졸업 후 국가 공무원 진출하고

職場高法裁登勤 (직장고법 재등근)
직장은 서울 고등법원 재판부에 등원하였네

同僚戀愛寵之淪 (동료연애 총지윤)
동료와 연애하여 사랑에 빠지고

社內情分交際焚 (사내정분 교제분)
사내에서 교제하여 정분을 불태웠네

閨秀艷姿來與許 (규수염자 래여허)
아름다운 규수와 함께 와서 허락하고

結婚兄弟産生芬 (결혼형제 산생분)
결혼하여 아들형제 낳아 향기롭게 살고 있네

絿 급할 구 **艷** 예쁠 염 **寵** 사랑 총 **淪** 빠질 윤 **閨秀** 남의 집 처녀를 정중하게 이르는 말
艷姿 아름다운 몸가짐

註解
39 큰아들 취직과 결혼

　큰아들은 대학교 2학년 때 군에 입대하였다. 제대하고 94년도에 복학하여 97년도에 졸업했다. 김영삼 정부 말기에 나라 곳간의 외환은 텅 비었다. IMF에 구제금융을 요청했고 그러다 보니 국내 경기는 폭망한 상태였다. 기업들은 직원을 감축하는 구조조정에 들어갔고 취업준비생과 대학 졸업생들은 더 이상 취업할 길이 꽉 막히고 말았다.
　큰아들도 공기업 진출을 준비했는데 공기업에서는 신규직원 채용을 아예 한 명도 하지 않았다. 하는 수 없이 국가공무원 7급을 준비하고 응시 하였으나 낙방하고 職列을 바꾸겠다고 한다. 무슨 직렬로 바꿀 거냐고 물었더니 법원직으로 바꿔서 열심히 할 테니 일 년만 더 기다려 달라 하길래 그러라고 해서 노량진 학원에 출퇴근하면서 공부하다가 출퇴근 시간이 너무 많이 소요되어 그 시간이 아깝다면서 차라리 노량진 고시원에 입소하여 공부하는 것이 훨씬 효과적일 것 같다고 하기에 그렇게 하게 해 주었다.
　그리고 다음 해 법원 9급 공무원 시험에 합격하여 연수교육 수료 후 서울고등법원 재판부에 첫 발령을 받아서 출근하였다. 이때 시험 경쟁률은 약 40대 1이 넘었다. 심한 경쟁력임에도 1년 공부해서 합격한 것이 대견스러웠고 자랑스러웠다. 나도 內子와 함께 춤을 추듯 무척 기뻤다.
　아내의 지인들로부터 여기저기서 결혼시키라는 중매가 들어왔다. 하지만 본인이 모두 거절한다. 그러더니 법원 내에서 동료 직원과 사귀어서 어느 날 아가씨를 데리고 집으로 왔다. 보니 예쁘고 어디 하나 나무랄 데가 없을 듯한 아가씨였다. 그래서 승낙하고 결혼식은 서초동 법원청사 내의 예식장에서 2002년 12월 29일 결혼식을 올렸다. 그 후 아들 형제를 낳아 아파트도 장만하고 잘 살고 있다.

次男 脫 彷徨 (차남탈방황)

療治入院缺家因 (요치입원 결가인)
딸의 입원 치료로 인하여 집을 비웠고

妻室傍兒看護珍 (처실방아 간호진)
아내는 딸아이 곁에서 간호를 소중히 하였네

大2長男軍暫返 (대2장남 군잠반)
대학 2년의 장남은 잠깐의 휴가로 군에서 돌아오고

中3次子學單馴 (중3차자 학단순)
중학 3년 차자는 혼자서 학교 가는 데 익숙했네

遠行獨活非中止 (원행독활 비중지)
홀로 생활하는 것 멀리 가지 못하고 중간에 그쳤고

高進彷徨莫澤淪 (고진방황 막택륜)
방황하다가 고교 진학 못하고 늪에 빠졌네

泥滓脫皮粘檢試 (이재탈피 점검시)
이재에서 탈피하여 검정고시 합격하고

危機克服業翬伸 (위기극복 업휘신)
위기를 극복하고 사업자로 날개를 훨훨 펼치네

缺 이지러질 결, 비울 결 珍 보배 진, 소중히 여길 진 馴 길들일 순, 익숙할 순 澤 못 택, 늪 택
淪 빠질 윤 滓 찌거기 재, 더러울 재 粘 붙을 점 翬 훨훨 날 휘 泥滓 더럽고 탁함

註解
40 차남 방황에서 탈피하다

    딸아이의 사고로 인해서 몇 달 동안 병원에 입원해 있으니 아내는 딸의 간호 때문에 주야로 병원에서 함께 있고 나는 생업에 종사하느라 아침에 나가면 퇴근은 병원으로 가서 딸의 얼굴 보고 집으로 돌아오곤 하였다. 그러던 중 둘째아들은 혼자서 밥 먹고 학교 가고 이런 환경 속에서 친구들과 자주 어울리며 방황하고 있었다. 그래서 전학을 시켜 보았지만 아이는 쉽게 빨리 원래의 위치로 돌아오지 않았다. 그래서 이곳 아이들과 어울리지 않으면 좋을 것 같은 생각이 들어서 이사를 하였다. 학교를 다시 다니라고 하였으나 학교는 다니기가 싫다고 한다. 물론 본인도 고초가 많았을 것이다. 하지만 부모인 나와 아내의 마음고생은 뭐라 표현할 수 없을 만큼 컸다.

    그러기가 약 3년이 지나 그제야 정신이 좀 돌아오는 것 같았다. 리어카 한 대를 사달라고 한다. 뭐하려나 하였더니 군고구마 장사를 하겠다고 해서 중고 리어카 한 대를 사주었다. 한 해 겨울을 군고구마 장사를 곧잘 하였다. 아이가 하는 것을 뒤에서 묵묵히 지켜만 보았더니 장사에 소질과 취미도 있는 것 같았다.

    그래서 무엇을 하고 싶으냐고 물었더니 PC방을 하고 싶다고 한다. 어디서 할 거냐고 물었더니 서울에서 하면 친구들이 많이 찾아올 것 같아 싫고 지방으로 갔으면 좋겠다고 해서 동두천이 어떠냐고 하였더니 괜찮을 것 같다고 한다. 당장 가진 돈은 없었지만 아들을 인간으로 되돌리려면 가정경제에 출혈이 생기더라도 어쩔 수 없는 일이라고 판단하였다. 따라서 집을 담보로 은행 대출을 받아서 점포를 임차하고 PC 30대를 구매하여 개업하였는데 곧잘 하였다. 거기서 약 5년 동안 하면서 돈을 모아서 그 점포를 처분하고 업종 변경을 하여 호프집을 개점하여서 영업을 잘 하였다.

    그리고 드디어 2013년 1월 20일 결혼을 하고 그 영업점을 타인에게 양도하고 양주시에 있는 점포를 은행 융자를 받아 매수하여 고깃집을 운영하며 아파트도 한 채 분양받고 은행대출금 모두 상환하고 영업을 착실히 잘 하고 있어 부모로서는 이제 마음이 놓이고 믿음직스러운 아들이 된 것 같아 마음 뿌듯하다.

組母 思慕吟 (조모 사모음)

吾孩誠極育成麗 (오해성극 육성려)
어린 나를 지극정성으로 곱게 키우셨고

祖母遺恩不忘持 (조모유은 불망지)
조모님에게 받은 은혜 잊지 않고 보전하리라

七九婆終無盡憾 (칠구파종 무진척)
할머니는 향년 79세에 종하시니 슬픔은 다함이 없고

八旬孫齒甚思慈 (팔순손치 심사자)
손자나이 팔순되니 재애로움 더욱 생각나네

耆艾化我希生樂 (기애화아 희생락)
나도 노인이 되었으니 즐겁게 살기 바라고

白髮來誰莫想悲 (백발래수 막상비)
백발은 누구에게나 오는것이니 슬프게 생각 마라

恬靜老軀居有足 (염정노구 거유족)
노구로 염정하게 사는 것으로 만족하고

慕情遺訓奉承隨 (모정유훈 봉승수)
사모하는 정으로 유훈을 봉승하여 따를지어다

婆 할머니 파 **悠** 생각할 유 **恬** 편안할 념 **耆艾** 노인 **恬靜** 편안하고 고요하게
慕情 사모하는 마음 **老軀** 늙은 몸 **奉承** 웃어른의 뜻을 받들어 이음

註解
41 組母 思慕吟 (조모 사모음)

  생후 15개월에 어머니를 여의고 어린 핏덩어리 안고 밤낮으로 눈물로 지새우며 지극정성으로 이리 곱게 길러 주셨는데 나는 할머니의 은공에 대한 보답은커녕 효도도 제대로 하지 못한 채 돌아가셨으니 내 가슴에 한이 맺혀 있고 할머니만 생각하면 눈시울이 뜨거워지고 가슴이 아려온다. 할머니의 그 큰 은혜 어찌 잊을 수가 있으랴! 내 죽을 때까지 寤寐不忘(오매불망) 腦裏(뇌리)에 보전하리라.

  할머니는 79세에 서거하셨는데 내 나이 올해 80세가 되고 보니 할머니 생각 더욱 간절하게 그리웁고 그때의 슬픔이 밀려와서 가슴이 답답하고 애가 타네. 하지만 할머니에 대한 慕情은 헤아릴 수 없으므로 遺訓이나마 잘 봉승하여 따를 것을 옛날부터 다짐하였다. 내가 워낙이 말솜씨나 글솜씨가 없어 할머니에 대한 禮讚을 많이 쓰지 못하는 것이 아쉽고 안타까울 뿐이네.

自歎 (자탄)

幼時失母滿哀心 (유시실모 만애심)
어릴 때 어머니 잃고 마음은 슬픔에 가득 찼고

成長堪艱慟楚沈 (성장감간 통초침)
가난을 견디며 성장하여 몹시 슬프고 괴로움에 잠겼네

脫出貧窮親不酒 (탈출빈궁 친부주)
빈궁을 탈출하려 술을 가까이 하지 않았고

草創富裕遠爲音 (초창부유 원위음)
부유하려 사업 시작하여 음악도 멀리하였네

靑雲萬里希來願 (청운만리 희래원)
청운만리가 오길 희망하고 바랐는데

爵位千秋莫入尋 (작위천추 막입심)
작위는 천추에 찾아오지 않았네

沐露黃花非發香 (목로황화 비발향)
이슬에 젖은 국화는 향기를 발하지 아니하고

無襄志學少歎林 (무양지학 소탄림)
지학을 이룰 수 없는 시골 소년은 탄식하였네

慟 서러워할 통 **襄** 도울 양, 이룰 양 **慟楚** 몹시 슬프고 괴로움 **草創** 사업을 처음 시작함
沐露 이슬에 젖다 **黃花** 국화 **靑雲萬里** 입신출세하려는 큰 꿈을 비유적으로 이르는 말
爵位 벼슬과 지위를 통틀어 이르는말 **志學** 학문에 뜻을 둠. 열다섯 살을 달리 이르는 말

註解
42 自歎 (자탄)

　내 어릴 적에 어머니를 여의고 마음은 항상 슬픔에 가득 차 있고 가난과 서러움을 참고 견디며 성장하여 어떻게든 가난에서 벗어나야 하겠다는 일념 하에 청운의 꿈을 안고 모든 노력을 경주하였으나 더 이상 진학을 하지 못하여 학문의 뜻을 이루지 못하고 탄식하고 말았네.

　학문은 포기하고 이제부터는 돈을 벌어야 하겠다고 생각하고 사업을 시작하여 주색도 멀리하고 오직 부유할 것만을 생각하고 벌기는 한 푼이라도 더 벌어야겠다고 생각하고 쓰는 것은 한 푼이라도 절약하겠다는 굳은 의지를 결심하고 실행에 옮겼다. 그랬더니 "단단한 땅에 물이 고인다"는 말과 같이 돈이 조금씩 모이고 저축도 하게 되었다.

開發獨裁 (개발독재)

最凶麥嶺莫於貽 (최흉맥령 막어이)
가장 무서운 보릿고개 없애 주었으니

偉大君王遺業丕 (위대군왕 유업비)
위대한 군왕 큰 공적 남기셨네

高速道途完建化 (고속도도 완건화)
고속도로 건설이 완공되고

鐵鋼工業育成爲 (철강공업 육성위)
철강공업을 육성하였네

首班氣勢無摧志 (수반기세 무최지)
대통령의 기세와 뜻을 꺾지 못하고

野黨相爭罔竟私 (야당상쟁 망경사)
야당과의 상쟁에도 사사로움 없이 끝냈다네

發展獨裁非難續 (발전독재 비난속)
독재라 비난해도 발전은 이어졌고

歡呼飢餓免民宜 (환호기아 면민의)
굶주림 면했으니 백성들 환호가 마땅하네

摧 꺾을 최 貽 끼칠 이, 줄 이 飢餓 먹을 것이 없어 배를 곯는 것 麥嶺 보릿고개
道途 사람이나 자동차가 지나갈 수 있게 땅 위에 낸 일정한 너비의 공간

註解
43 개발독재

  1967년 박정희 대통령은 경부고속도로 건설을 발표한다. 이 당시 우리나라 국도는 총연장 5,263㎞ 전체 도로 중에 포장된 도로는 740㎞에 불과했다. 서울과 부산을 오가는 가장 빠른 방법이 경부선 철도였는데 꼬박 12시간이 소요되었다. 고속도로를 건설하면 서울 부산을 5시간 내로 달릴 수 있어 초대형 프로젝트였다. 1968년 2월 1일 착공식을 가졌으나 난관에 부딪쳤다. 야당 대표들과 야당 국회의원들이 고속도로 건설을 반대하면서 공사를 중단하라고 하면서 공사장에서 진을 치고 공사를 막으려 억지 주장을 내세우면서 방해하였다. 하지만 박정희 대통령은 아랑곳하지 않고 공사 강행을 지시해서 2년 5개월 만에 완공하였다. 공사비는 총 429억 원이 투입되었다.

  포항제철은 1968년 포항종합제철소로 설립하여 1970년 4월 착공하여 1973년 7월 年産 103만 톤 규모의 1기 설비를 준공하여 현재 포스코로 이름 바꿔서 대한민국 산업화의 초석이 된 포항제철에서 글로벌 철강강국의 꿈을 이룬 포스코이다. 개발독재 한다고 당시 야당의 비난은 엄청 심하게 쏟아졌다. 지금도 여당(그 당시 야당)에서는 박정희 대통령의 업적 모든 것을 독재로 치부해 버린다. 그 당시 개발독재를 하지 않았다면 지금의 대한민국이 있을 수 없었을 것이라고 나는 생각한다. 박정희 대통령의 공과를 따지자면 공이 90% 과가 10%라고 믿는다. 모든 국민들을 배고픔을 면하게 해주고 잘살게 해 준데 대하여 환호하고 있었다.

  또한 박대통령은 1973년 신년사에서 勤勉 自助 協同하는 새마을 운동을 발표하면서 농촌과 도시민 기업가 근로자 등 모두가 참여하여 국력배양에 기여하도록 하자고 호소하였다. 그 후 농촌에는 초가집이 사라지고 도로가 확장 또는 신설되고 農地整理를 하여 농업 생산이 크게 향상되어 해마다 찾아오는 봄이면 春窮期(보릿고개)를 겪어야 했는데 1970년대 말에는 보릿고개란 말이 완전히 사라졌다. 박정희가 대통령이 될 때 우리나라 국민소득은 60달러 필리핀 160달러였다. 마르코스 필리핀 대통령을 만났을 때 우리는 언제나 필리핀만큼 경제가 발전할까 하고 말했다. 그러나 지금은 어떤가. 2021년 기준 한국이 34,866달러, 일본 42,928달러, 필리핀 3,646달러이다. 그 당시 북한도 한국보다 훨씬 잘사는 나라였다. 하지만 지금 약 1,000달러 정도로 알려지며 정확한 정보는 없는 실정이다.

都市農夫 (도시농부)

長期沈滯屋沽無 (장기침체 옥고무)
장기 침체로 집이 팔리지 않고

景氣回生莫罷殊 (경기회생 막파수)
경기 회생 없어서 그만두기로 결심하였네

建築資金成買土 (건축자금 성매토)
건축 자금으로 토지를 사게 되고

自營稼事化開途 (자영가사 화개도)
자영의 농사짓는 길을 열게 되었네

耕田播種勞頃息 (경전파종 노경식)
밭을 갈고 파종하다 힘들면 잠깐 쉬고

藥撒耘耔疲困軀 (약살운자 피곤구)
약 뿌리고 김 매고 북돋우니 몸이 피곤하네

蟲菌滅非穰不穀 (충균멸비 양불곡)
충과 균을 멸하지 않으면 곡식이 풍성하지 않고

農夫都市日常吾 (농부도시 일상오)
이것이 도시농부인 나의 일상이네

沽 팔 고 **穰** 짚 양, 풍성할 양 **耘** 김맬 운 **耔** 북돋울 자 **稼** 김맬 가 **撒** 뿌릴 살
稼事 농사짓는 일 **耕田** 밭을 갈다 **耘耔** 김을 메고 북돋우다 **播種** 씨를 뿌리다

建築業中斷 (건축업 중단)

住居賃貸築過量 (주거임대 축과량)
주거용 임대주택이 과량으로 건설되어서

多世多家莫賣當 (다세다가 막매당)
다세대 다가구는 당연히 매매가 없었네

買土建錢逢運泰 (매토건전 봉운태)
건축할 돈으로 땅을 사니 큰 운을 맞고

作農消費溢怡康 (작농소비 일이강)
작농하여 소비하니 건강과 기쁨이 넘치네

五年賣渡三乘昌 (오년매도 삼승창)
5년 후 매도하니 3곱이 흥성하였고

二億投資4倍昂 (이억투자 4배앙)
이억 투자하여 4배가 올랐네

分讓商街爲買受 (분양상가 위매수)
분양상가 매수하여

居生賃貸料生將 (거생임대 료생장)
거생하는 데 임대료로 장차 생활할 것이다

乘 탈 승, 곱배 승　昂 밝을 앙, 오를 앙　築 쌓을 축, 집 지을 축　居生 일정한 곳에서 머물러 살다

註解
45 건축사업 중단

　동두천 시가 신시가지 조성을 해서 임대주택이 만여 가구가 건설되어서 시민들이 아파트를 선호하는 경향이 뚜렷해져서 다세대주택은 매기가 하락할 것으로 예상되어 건축업을 중단하기로 마음먹었다.

　하지만 주택 경기가 되살아나면 다시 사업을 할 것을 생각하고 동두천동에 토지 850평이 매물로 나온 것이 있어서 가분할을 하여 보니 다세대주택 여섯 동을 지을 수 있을 것 같아서 그 땅을 2억 2천만원에 매수하였다. 몇 년이 지나도 소규모 건설업자들의 경기는 점점 더 나빠져 갔다. 이때 마침 아파트를 건설하겠다는 업자가 나타나서 토지를 매수하겠다고 해서 8억 5천에 매도계약서를 작성하고 양도하였다.

　별안간 토지 투기자가 된 느낌이다. 사실은 토지 투기를 하려고 산 것은 아닌데, 아파트가 많이 건설되니 주택 매수세가 아파트로 몰리다 보니 나같이 소규모 건축주들은 집을 지어놓고 팔리지 않으면 마음고생을 하면서 망하게 되는 것이다.

　따라서 집을 지어서 팔리지 않아서 망하는 것보다는 토지투기라는 낙인이 찍히더라도 매도하는 것이 마음 편히 지낼 것 같아서 양도하였다. 또한 그 토지 주변이 아파트 건설업체가 아파트를 지으려고 토지를 팔라고 하는데 팔지 않으면 주위의 사람들로부터 눈총과 외면을 당할 것이 확연한데 팔지 않을 수 없었다.

書藝界入門 (서예계입문)

平生不學恨成時 (평생불학 한성시)
평생 배우지 못한 것이 한이 되었을 때

漢字工夫買冊思 (한자공부 매책사)
한자공부 생각하고 책을 샀네

乙酉京城書室訪 (을유경성 서실방)
을유년 서울에서 서실을 방문하였고

翌年東豆住居移 (익년동두 주거이)
다음 해에 동두천으로 이사하였네

柳靑受業草行楷 (유청수업 초행해)
유청선생에게 해서 행서 초서를 수업 받고

章石硏磨隸篆詩 (장석연마 예전시)
장석선생에게 예서 전서 시를 연마했네

紙白吾詩佳選定 (지백오시 가선정)
지상 백일장에서 내가 지은 시가 가작에 선정되고

知人參榜受諸僖 (지인참방 수제희)
참방상도 받으니 지인들 모두 기뻐하네

楷 본보기 해, 해서 해 **隸** 종 례, 서체의 이름(예서) **篆** 전자 전, 한자 글씨체(전서)
參榜 과거에 급제하여 이름이 방목에 오르던 일

註解
46 서예입문

  배우지 못한 것이 한평생 한이 되어 살아왔는데 이제 나이 많아서 무었을 배울 수 있을까? 배울 수 있는 것을 생각해 보니 한문과 서예뿐일 것 같다. 그래서 乙酉年(2005) 서울에서 서실을 찾았으나 배움의 길을 열지 못하였고 다음 해 丙戌年에 동두천으로 이사를 하였다.

  동두천에 와서 柳靑 姜健男 선생에게 본격적으로 서예에 입문해서 楷書 行書 草書와 전각을 배웠고 또한 다른 선생에게 산수화와 서각을 배웠고 丁酉年(2017년)에 章石 徐明澤 선생에게 隸書와 篆書를 배우고 庚子年부터 漢詩를 배우기 시작해서 辛丑年에 의정부 문화원이 주최하는 한시 지상 백일장에서 가작상 수상하였고 진도 문화원에서는 참방상을 수상하고 成均館, 거창문화원, 영암문화원에도 한시 백일장에 참가하여 선외 등급을 받아 제본한 책 한 권씩 보내왔다.

  다만 選外지만 詩句에 맞게 지었기에 책에 실리는 것이니 나로서는 한시 초보자로서 가작상과 참방상을 받은 것으로 만족하며 나 자신이 자랑스럽기도 한 느낌도 가져본다.

47

老後對策 (노후대책)

憂慮耳順望當時 (우려이순 망당시)
이순을 바라볼 당시 우려되는 것이

老後全無對策知 (노후전무 대책지)
노후대책이 전무한 것을 알았네

子息偉才期化樂 (자식위재 기화락)
자식이 위재가 될 것을 기대하니 즐거웠고

我身貧困落居僖 (아신빈곤 락거희)
나는 빈곤으로 떨어져도 기쁘게 살 것이다

優先敎育義爲德 (우선교육 의위덕)
교육의 우선은 덕을 옳게 함이었고

最善人性貞欲彛 (최선인성 정욕이)
최선은 인성이 바르고 떳떳하게 하고자 했다

自活月收存安定 (자활월수 존안정)
자활을 안정되게 하려면 월수가 있어야 하기에

商街賃貸買生持 (상가임대 매생지)
상가 사서 임대하여 삶을 보전하였네

偉 클 위   彛 떳떳할 이   偉才 뛰어나고 훌륭한 재주

註解
47 老後對策 (노후대책)

　젊었을 때는 자식들 잘 가르치는 것만 우선이었네. 특히 인성과 품행에 대해서 바르게 할 수 있도록 초등학교 때 누누이 강조하였다. 위로 둘 아들과 딸은 인성과 품행이 방정하였는데 막내아들이 비뚤어지게 되어서 수년 간 마음고생을 많이 하였다. 다행히도 바른 길로 다시 돌아와서 잘 살고 있다. 이렇게 자식들 커 가는 것과 공부 잘하는 것을 보는 즐거움에 빠져 노후는 전혀 걱정도 생각하지도 않고 자식들에게만 모든 정성을 쏟아 부었다. 자식들만 잘된다면 나는 나락으로 떨어져도 상관하지 않겠다고 생각하였지만 막상 자식들 결혼시켜서 분가시키고 보니 내 노후가 걱정이 되었다. 그래서 돌아보니 노후대책이 아무것도 없었다. 젊었을 때 생명보험과 연금보험을 가입하려 하였으나 건강에 문제가 있어서 보험 가입을 받아 주지 않아서 보험은 아무것도 없다.

　그래서 그동안 건축사업 하면서 모아둔 재산을 모두 정리해서 분양 상가를 구입해서 월세를 받아야겠다는 생각을 하고 돈이 적으니 목 좋은 곳 상가는 매입할 수 없고 외진 곳의 상가를 구입했더니 임대가 나가지 않아서 수년 간 공실로 있다가 주위가 좀 발전이 되어서야 임차인이 들어왔다. 하지만 임대료는 미미한 수준이었다. 또 다른 곳에 7층 상가 건물에 4층에 보험회사가 입주해 있는 상가를 매수하였다. 1층 상가보다는 가격이 1/3 수준이었다. 게다가 임대 보증금도 많이 들어있어 내가 가진 돈으로 매입할 수가 있었다. 현재 임대료 수입이 240만원이다. 그리고 우리 부부 국민연금이 380,000원이 들어온다. 충분하지는 않지만 우리 부부가 아껴 쓰니 크게 불편함이 없이 자식들에게 손 내밀지 않아도 되는데 요즈음엔 병원비와 약값이 생활비만큼 지출되니 생활이 빠듯하다. 재산이 있다고 해서 노령연금 혜택도 받지 못한다. 실제 고정적으로 지출되는 것이 건강보험료 360,000원 아파트관리비 210,000원 가스비 70,000원 나의 취미생활비 150,000원 자동차 연료비 150,000원 등 도합 940,000원이다. 이것 외에 연간 지출되는 것이 재산세 2,816,000원, 자동차세 500,000원, 자동차 보험료 800,000원, 종합소득세 450,000원이다.

癌鬪病 (암 투병)

膚癌甲午發多驚 (부암갑오 발다경)
갑오년에 피부암 발생하여 많이 놀랐고

大學京城病院行 (대학경성 병원행)
서울대학 병원으로 갔네

手術三時終莫動 (수술삼시 종막동)
수술은 3시간에 끝났으나 움직일 수 없고

加療九日退新生 (가료9일 퇴신생)
치료 9일 만에 퇴원하여 삶이 새로워졌네

醫師技倆千金瑞 (의사기량 천금서)
의사의 기량은 천금의 상서로운 구슬이고

診察機能百鍊精 (진찰기능 백련정)
진찰 기능이 정교하게 거듭 단련되었네

患部切除身癒自 (환부절제 신유자)
환부를 절제하면 내 몸이 스스로 낫게 하고

五年完治判於成 (오년완치 판어성)
5년 되어 완치 판정 이루었네

膚 살갗 부 **癌** 암 암 **鍊** 단련할 련(연) **癒** 병 나을 유 **倆** 재주 량(양) **百鍊** 거듭하여 단련함
瑞 상서로운 구슬

註解
48 암 투병

    갑오년(2014년) 3월 경희의료원에서 샅(사타구니)부분에 피부암 진단을 받았다. 수술을 해야 한다고 한다. 그래서 좀 더 큰 병원에 가서 수술을 받아야겠다는 생각이 들어서 서울대병원으로 전원하였다. 서울대병원에서는 성형외과에 수술을 맡겼다. 성형외과에서 4월 28일 입원해서 다음 날 피부암 수술을 하였다. 수술 시간은 3시간 걸렸다. 그리고 입원실에 왔다. 수술 부위가 사타구니인지라 움직이면 꿰멘 부분이 터지기 때문에 움직이지 못하게 다리를 묶어놓고 소변줄도 달아 놓았다. 식사를 하면 배변을 해야 하는데 움직일 수가 없으니 배변이 나올 수 없게 하는 약을 주었다. 아침에 한 알 먹으면 섭취한 음식물이 모두 산화되어서 소변으로 나오고 배변의 염려는 조금도 없었다. 입원 중에 배변을 한 번도 보지 않고 5월 6일 퇴원해서 3일 만에 배변을 했다.

    처음 암 판정을 받았을 땐 아 이제 내 인생이 여기까지란 말인가 싶으면서 허탈함을 감출수가 없었다. 하지만 가족들 앞에서 약한 모습 보일 수 없어 태연한 척하였지만 마음은 왠지 우울하기만 했다. 다행히 서울대병원 의사들과 입원실 간호사, 인턴의사들이 치료와 간호를 잘 돌보아주어서 빨리 퇴원할 수 있었고 그분들 고생 많이 하였는데 참으로 고맙기 그지없었다. 하지만 퇴원 후에 고맙다는 편지 한통도 전하지 못한 것이 후회스럽고 아쉬웠다.

    癌이 샅(사타구니) 고환 바로 옆에 자리해서 수술은 사타구니피부와 고환피부 일부 또한 성기 표피 일부를 잘라내고 피부이식 수술을 하였다. 담당의사 컴퓨터에 수술 사진을 보니 잘라낸 부분이 손바닥 넓이만 하였다. 퇴원해서 특별히 복약하는 것은 없고 항생제 며칠 먹고 꿰맨 부분에 연고 하루 한 번씩 도포해 주고 피부 이식하느라 왼쪽 허벅지 안쪽 피부를 떼었는데 그 부분에 멸균 접착 테이프만 이틀에 한 번씩 갈아 붙이곤 했다. 환부 절제는 의사가 하고 덧나지 않도록 항생제 복용하고 치유는 내 몸 자체가 하는 것 같다.

    퇴원 후에도 매 주기마다 병원 가서 진료받고 마지막 5년차에는 상 하복부 mri 찍고 고환과 방광 초음파 검사까지 하였는데 아무런 이상이 없었다. 특히 전립선이 염려되어 별도로 문의하였더니 전립선 췌장 폐 간 모두 아무런 이상이 없으니 안심하라고 하면서 이제 완치되었으니 더 이상 병원에 오지 않아도 된다고 한다. 완치되었다는 말에 반갑고 기쁘긴 하지만 어쩐지 마음이 썩 상쾌하지는 않았다.

母親別世 (모친별세)

慈親入院晝今觀 (자친입원 주금관)
입원 중인 어머니 오늘도 낮에 가서 보았고

夜半危機去復看 (야반위기 거부간)
밤중에 위기라 해서 다시 가서 보았네

子正臨終吾守慽 (자정임종 오수척)
자정에 임종을 우리는 슬퍼하며 지켰고

酉時成服總遵嘆 (유시성복 총준탄)
유시에 성복하여 모두가 탄식하며 따랐네

異端母祭非參遠 (이단모제 비참원)
이단이라 어머니는 제사 참여도 안 하니 멀어지고

儒敎先塋有省難 (유교여영 유성난)
나는 유교인지라 선영의 성묘에도 어려움 있었네

殞命怨望悲不孝 (운명원망 비불효)
운명하시니 원망보다 효도하지 못한 것 슬펐고

同生葬禮議陪安 (동생장례 의배안)
동생과 의논해서 장례를 편히 모셨네

殞 죽을 운　慽 슬플 척　夜半 밤이 깊은 때　慈親 어머니

註解
49 어머니 별세

    어머니가 병원에 입원하신 지가 한 달 정도 되었다. 그동안 병문안을 여러 번 다녀왔고 돌아가시던 날도 낮에 문안 갔을 때 정신도 있고 말씀도 하셨다. 그래서 다른 때와 같이 귀가하였다. 그런데 밤 11시쯤에 위급하다고 동생이 전화를 해서 급히 병원에 갔더니 의식이 없고 숨소리만 들렸다. 나와 막냇동생, 여동생, 막내제수씨 4명이 지켜보는 가운데 자정에 운명하셨다.

    살아계실 때 어머니는 이단 종교인 여호와의 증인 종교에 심취하여 나까지 끌어들이려 하였으나 나는 어머니에게 어머니는 우리 집 7대 종부로서 유교 전통을 이어나가야 하니 그 종교 단체에 나가지 말라고 신신당부하며 애원도 해보았으나 아무 소용이 없었다. 내가 어머니께 용돈 드리면 그 돈 모두 교회에 바치는 것 같았다. 굳이 그 교회에 나가신다면 용돈을 드리지 않겠다고 하였지만 교회에 발길은 끊지 못하셨다. 그다음부터는 용돈을 드리지 않고 명절 때와 생신 때만 용돈을 드렸다.

    나는 8대 종손인지라 그 당시 4대 봉제사를 하고 초가을이면 벌초하러 고향에 가고 또한 음력10월에는 선영 산소에 묘사를 지내러 매년 고향에 내려갔다. 무속적인 얘기지만 한 집안에 두 종교가 있으면 집안에 우환이 생긴다는 말도 있었다. 또한 어머니의 악담과 우연의 일치인지는 몰라도 딸아이 대학에 들어가서 곧바로 철도 교통사고를 당했다. 그 직전 어머니는 나에게 어마무시한 악담을 퍼부었다. 그러나 나는 모든 것을 참고 옛말에 "어른은 장독을 깨뜨려도 말하면 안 된다"라는 말이 생각나서 속으로 삭이고 지냈다. 그러나 막상 운명하시니 그런 원망보다는 어머니께 좀 더 잘 해드리지 못한 것만 생각이 나서 더욱 가슴이 아팠다.

    그러나 그 이전에 나는 시골에 사는 남동생 부부를 서울로 데려와서 시장 점포 임대해서 물건 사입해 주고 전세방도 모든 것을 내 돈 들여서 해주었다. 그리고 여동생 결혼 비용도 거의 다 내가 부담하였다. 막내 남동생 결혼식도 큰동생이 조금 부담했지만 모두 내가 부담하고 전셋집 구할 때도 30년 전의 일이지만 그때 1,000만원을 주었다. 나는 동생들을 단 한번이라도 내 친동생이 아닌 이복동생이라는 생각은 해본 적이 없다. 모두가 내 동생이라는 일념 하에 내가 베풀 수 있는 것은 아깝게 생각하지 않고 돌봐 주었다. 어머니 장례는 화장해서 納骨堂에 모셨다.

喜壽筵 (희수연)

於焉年齒八旬望 (어언연치 팔순망)
어언간 나이 여든을 바라보니

歲月如流過顧傷 (세월여류 과고상)
세월이 여류하여 지난날 돌아보니 상처뿐이네

書藝研磨伸我夢 (서예연마 신아몽)
서예를 연마하여 나의 꿈 펼쳤고

描畵學習著心光 (묘화학습 저심광)
그림을 학습해서 마음의 빛을 나타냈네

今年作品始端靜 (금년작품 시단정)
금년에 작품을 시작해서 조용히 끝내고

前月編刊終入忙 (전월편간 종입망)
전월에 편간 들어가서 바쁘게 마쳤네

喜壽淸筵諸子設 (희수청연 제자설)
희수에 청연을 자식들이 모두 베풀었고

來賓圖錄謹呈陽 (내빈도록 근정양)
내빈께 도록을 밝게 근정하였네

描 그릴 묘　**筵** 대자리 연　**著** 나타낼 저　**喜壽** 나이 77세를 달리 이르는말　**描畵** 그림을 그림
編刊 책을 편찬하여 발간함　**淸筵(淸宴)** 조촐한 연회　**謹呈** 삼가드립니다

註解

50 희수연

　己亥年이 되니 어언간 내 나이 희수가 되었네. 십수년 간 연마한 서예를 도록을 한 권 만들어야 하겠다는 마음으로 약 3개월여에 걸쳐 서예를 틈틈이 써서 준비하고 서각은 전년도 작품과 금년도 작품을 함께하고 전각과 산수화는 전전 연도의 작품을 수록(收錄)하였고 가정요람도 내가 알고 있는 것과 고문헌을 참조하여 간단히 수록(手錄)하였네.

　전시회는 열지 않고 도록만 제작하였는데 자식들이 희수연회를 베풀겠다고 한다. 그래서 자식들에게 생일상 차려놓고 오는 손님들에게 축의금 받으려면 하지 말고 축의금 받지 않으려면 하도록 하라고 하였더니 아들이 말하기를 저도 친구 동료들 부모님 고희연에 가끔 가보았는데 축의금 받는 집도 있고 받지 않는집도 있었는데 축의금 받는 집을 보면 좋아보이질 않았다고 하면서, 축의금은 받지 않으려고 생각하고 있다고 하길래 그렇다면 해도 좋다고 승낙하였다.

　동두천의 하나로마트 예식장에서 희수연을 하고 제작한 도록을 한 권씩 근정하였다. 자식들 3남매가 돈을 많이 쓴 것 같다. 하지만 내 마음은 뿌듯하였고 오늘에야 자식들 둔 보람을 느껴보았다.

51

叔母任 召天 _(숙모님 소천)

召天叔母悼明離 (소천숙모 도명리)
소천으로 숙모님의 이승을 떠나심을 슬퍼하고

來世爲祈冥福宜 (내세위기 명복의)
내세를 위해 명복을 비는 것이 마땅하리라

先代總逝成報本 (선대총서 성보본)
선대는 모두 떠나셨으니 보본을 이루어야 하고

吾門追慕祖歸儀 (오문추모 조귀의)
오문은 조상을 추모함에 법도에 따를지어다

報本 생겨나거나 자라난 근본을 잊지 않고 은혜를 갚음

註解

51 叔母任 召天 (숙모님 소천)

    원주에 계시는 叔母님께서 壬寅年 4월 14일(陰曆 3월 14일) 別世하셨다. 享年 98세이시다. 하지만 10여 년을 療養院에서 보내셨다. 그것도 근래 2년 정도는 거의 식물인간으로 사시다가 마감하셨다. 그나마도 돌아가실 때는 코로나에 감염되어 아무도 임종을 하지 못하고 입관 확인도 한 사람만 할 수 있었다고 한다. 부모를 요양원에 맡기는 것이 자식 된 도리로 그러고 싶은 사람이 누가 있겠느냐? 하지만 현실이 녹록하지만은 않는 것이 사실이다. 그래서 어쩔 수 없이 요양원에 맡기는 상황이지만 사람이 살아서 생활한다고 할 수가 없을 것이다.

    숙모님이 나에게는 엄마와 같은 존재이기도하다. 어릴 때 나보다 세 살 아래인 종제가 태어났다. 내가 3살 때 엄마 잃고 젖을 먹지 못할 때 나를 젖을 먹였다고 한다. 그리고 새엄마가 나에게 좋지 않은 행동을 하면 즉시 충고도 아끼지 않았다고 한다. 그런 숙모님이신데 숙모님 영전에 갈 수가 없었다. 3일 전에 전립선암 방사선 치료를 5회차를 마쳤다. 그 후 合倂症이 와서 排泄이 되지 않고 상복부 하복부가 번갈아 아프고 化粧室에 계속 드나들어도 便은 나오지 않고 견디기 힘든 아픔이었다. 부득이 숙모님 마지막 가시는 길에 배웅도 배례도 하지 못하는 불효를 저질렀다. 하지만 숙모님도 나를 이해하시리라 생각한다. 아무쪼록 숙모님의 極樂往生을 祝願합니다.

52

大統領彈劾 (대통령탄핵)

遊船顚覆學生犧 (유선전복 학생희)
유람선 전복으로 학생들 희생되었고

甲午初春朴統崖 (갑오초춘 박통애)
갑오년 초춘에 박대통령은 벼랑끝에 섰네

內部反旗連反亂 (내부반기 연반란)
내부의 반기는 반란으로 이어졌고

外方助力挽彈欺 (외방조력 만탄기)
외부와 조력하여 사기 탄핵 이끌었네

左傾威勢剛尤硬 (좌경위세 강우경)
좌파의 위세는 더욱 강하게 굳어지고

右派王權壞反衰 (좌파왕권 괴반쇠)
우파의 왕권은 도리어 무너져서 쇠하였네

組織諸般專橫握 (조직제반 전횡악)
모든 조직 장악하여 전횡하였고

無辜元首獄囚豈 (무고원수 옥수기)
죄 없는 국가원수 어찌 감옥에 가두었는가?

崖 벼랑 애　**犧** 희생 희　**挽** 끌다 만, 짜서 얽어맬 만　**硬** 굳을 경　**辜** 허물 고　**壞** 무너질 괴
專橫 권세를 혼자 쥐고 제 마음대로 함

註解
52 대통령 탄핵

2012년 12월 19일 대통령선거에서 유권자의 51%의 지지를 받아 박근혜대통령이 당선이 되어 2013년 2월25일 제18대 대통령에 취임하였다. 2014년 4월16일 세월호라는 배에 학생들을 싣고 일본으로 여행 가던 중 배가 침몰하는 사고가 발생하였다. 세월호 사건 이후 대통령에 대한 조그마한 의혹이 제기되자 야당에서는 탄핵해야 한다고 들고 나오자 여당의 몇몇 중진 의원들이 야당의 매수 작전에 말려들어 탄핵에 찬성해서 탄핵이 국회에서 가결되고 촛불집회라는 어마무시한 좌파세력이 정치권과 언론기관 사법기관 행정부 등 모든 분야를 장악했다. 그런 가운데 국회에서 가결된 탄핵이 헌법재판소로 회부되었다. 헌법재판관 모두가 좌파들에게 매수되었거나 압력에 굴복한 것 같다.

2017년 3월 10일 헌법재판소에서 이정미라는 소장은 "박근혜를 파면한다"라고 선고하였다. 세월호 참사는 엄연히 학생들이 세월호라는 선박을 이용해서 수학여행을 가다가 선박의 선주와 선원들의 부주의로 참사가 일어난 것인데 이것을 좌파 야당들은 대통령에게 뒤집어씌운 것이다. 문재인 대통령은 팽목항에 가서 방명록에 아이들에게 "미안하고 고맙다"라고 썼다. 도대체 그 고마운 것이 무엇일까? 또한 세월호의 선주인 유병언을 체포해서 조사하지 않고 죽음에 이르도록 방치했다는 사실도 의문이 많이 남는다. 실체를 은폐하기 위해서 죽인 것이 아닌가 하는 의심이 깊어졌다. 이것도 다음 정권에서는 반드시 실체를 파헤쳐서 진실을 밝혀서 역사를 바로잡고 박근혜 대통령이 억울하게 4년 9개월이란 엄청난 고난의 옥살이를 한 것도 바로잡아 명예회복을 해야 할 것이다. 문재인이란 인간은 피도 눈물도 없는 남을 죽이고 나만 잘 살면 된다는 맹수 같은 폭군이었다. 과연 박근혜 대통령이 4년 9개월이란 기나긴 세월 동안 옥살이를 할 만큼 중범죄자였는가를 다시 한번 생각해 볼 일이다.

재임 기간 중에 그 누구로부터도 1,000원짜리 한 장도 뇌물 받지 않는 淸廉潔白한 대통령이었다. 이것은 당시 문재인 정부의 법무부장관이 국회에서 증언한 내용이다. 이 사건은 박근혜대통령과 아무런 관계가 없는 것이다. 최서원이란 사람이 대통령에게 조언을 했다는 이유로 국정농단이란 프레임을 뒤집어씌운 것이다.

論 大選世情 (논 대선세정)

東邦因疫漸遙情 (동방인역 점요정)
나라는 역귀로 인해 정이 점점 멀어지고

百姓親聞苦痛聲 (백성친문 고통성)
백성의 고통소리 몸소 들리네

治國齊家非化亂 (치국제가 비화란)
수신제가 아니하고 치국하면 나라 어지럽게 되고

執權善政偉生明 (집권선정 위생명)
집권자 선정한다면 삶이 크게 밝아지리라

官廳大選公依法 (관청대선 공의법)
관청은 대선을 법에 따라 공정해야 하고

部處投開正受評 (부처투개 정수평)
각 부처 투개표를 정당하다는 평을 받아야 하네

擇定賢王州發展 (택정현왕 주발전)
어진 군왕 가려서 정하면 나라가 발전되고

太平聖代萬人亨 (태평성대 만인형)
태평성대로 만인이 형통하리라

擇定 여럿 가운데 어떤 것을 뽑아 정하는 것　**東邦** 동쪽에 있는 나라, 즉 우리나라
齊家 집안을 잘 다스려 바로잡음(修身齊家治國平天下)

註解
53 大選世情 (대선세정)

    나라에는 역병(코로나19)이 창궐하여 하루 확진자가 10만 명이 넘고 있는 시점에 국민들은 불안에 떨면서 모두 마스크를 쓰고 생활하는 것이 일상화되었고 이번 설 명절에도 6명 이상 모이지 말라 하고 고향 방문도 최대한 자제해 달라고 하고 있는 가운데 자영업자들은 영업시간을 저녁 9시까지로 제한하여 자영업자들의 영업 부진이 한계를 넘어서 폐업하는 업자가 속출하고 있다.

    그런 가운데 대통령 선거가 20일 앞으로 다가왔다. 여당 후보인 이재명은 본인이 전과 4범이고 성남시장 시절 대장동 개발 비리와 변호사비 대납 의혹 또 다른 아파트 건설 관련 비리가 연일 드러나고 친형을 정신병자로 몰아서 정신병원에 강제 입원시키고 형수에게 입에 담지 못할 쌍욕까지 한 정말 인간 이하의 인간이다. 게다가 근래 드러난 부인의 경기도청 5급 공무원이 7급 공무원에게 지시하여 이재명 가정의 모든 심부름을 하게 하고 심지어는 식사와 고기도 市長의 법인카드로 결제하여 7급 공무원이 이재명 집으로 배달까지 하는 참으로 파렴치한 행동이 이어졌다. 게다가 아들의 게임 도박 성매매 의혹까지 또 군대 생활 중에 조금 다쳤다고 성남에 있는 국군수도통합병원에 몇 달 간 입원치료 받은 것도 정식으로 군 당국의 발령도 없이 본인의 집 가까운 병원에서 있었다니 정말 기가 찰 노릇이다.

    그래서 나는 修身齊家도 못하는 자가 治國을 하겠다니 참으로 어이없다는 생각을 해본다. 이런 자가 집권한다면 나라가 어떻게 될 것인가? 참으로 걱정이 된다. 어쨌든 이재명이가 대통령 되는 것은 막아야 한다. 지난번 총선에서도 부정선거가 있었다고 하는데 이번에는 부정투개표만 없으면 야당 후보인 윤석열이 당선될 것이 분명하다. 하지만 안심할 순 없다. 현 집권세력이 워낙 강경해서 또 어떤 부정을 저지를지는 아무도 모른다.

허나 우리 국민들이 모두 현명하기에 저들 맘대로는 되지 않을 것이다. 현명한 국민들이 현명한 선택을 하여 윤석열을 선택한다면 나라의 부정부패도 뿌리 뽑을 것이고 현정권 들어서 소원해진 한미일 관계와 기타 국제관계도 원만히 해결 될 것이고 남북관계도 북한에게 질질 끌려 다니지 않고 우리 대한민국 주도로 이끌어 나갈 것이다. 그렇게 되면 자연이 太平聖代가 이루어 질 것이라 생각하고 믿어 의심치 않는다. 단 박근혜 대통령 탄핵 때 특검의 수사검사로 박대통령을 억압 수사를 한 것이 마음에 걸리지만 나라의 장래를 위해서는 윤석열이 최선의 선택이 아닐까 하는 생각을 해본다.

春風和暢 (춘풍화창)

淸晨運動老翁爲 (청신운동 노옹위)
맑은 새벽 노옹은 운동을 하고

暖氣梅花春信知 (난기매화 춘신지)
따뜻한 기운에 매화는 봄소식 알리네

淨潔白頭姿似鶴 (정결백두 자사학)
정결한 흰머리 모습 학과 같고

精硏紫面貌肖芝 (정연자면 모초지)
정연한 붉은 얼굴 영지를 닮았네

樵夫植樹唱歌曲 (초부식수 창가곡)
초부는 나무 심으며 가곡을 부르고

騷客傾杯吟作詩 (소객경배 음작시)
소객은 잔 기울이며 시를 지어 읊고 있네

和暢東風氷土解 (화창동풍 빙토해)
화창한 날 동풍은 언 땅을 녹이는데

早開桃李忽寒疑 (조개도리 홀한의)
일찍 핀 도리는 갑자기 추울까 두려워하네

肖 닮을 초　**芝** 지초 지, 영지 지　**春信** 봄소식　**精硏** 정묘하고 고움　**淨潔** 깨끗하고 깔끔함
東風 봄철에 불어오는 바람　**桃李** 복숭아와 자두, 또는 그 꽃　**和暢** 날씨가 바람이 온화하고 맑다

清晨運動老翁爲暖氣梅花長伝知
淨潔白頭姿似鶴精妍淡面歌省堂
雄夫植樹唱歌曲騷客傾杯吟佳詩
和暢東風沅土解早開桃李忽寒疑

壬寅孟春 春風和暢 松菴 權寧泰

시제 春風和暢 (춘풍화창)

春日登山 (춘일등산)

登山與友路歸家 (등산여우 로귀가)
벗과 함께 등산하고 귀갓길에

福草姸開小態華 (복초연개 소태화)
복수초가 곱게 피어 작은 자태 아름답네

廣漠梅園含暗馥 (광막매원 함암복)
광막의 매원은 은은한 향기 머금고

平原麥田出新芽 (평원맥전 출신아)
평원의 보리밭에도 새싹이 돋아나네

俯觀頂上自心惚 (부관정상 자심홀)
정상에서 내려다보니 내 마음 황홀하고

下降岑中人力誇 (하강잠중 인력과)
하강하는 봉우리에서 사람들 힘을 과시하네

驚蟄到來寒不退 (경칩도래 한불퇴)
경칩이 도래해도 추위는 물러가지 아니하고

無冬春勝至溫賒 (무동춘승 지온사)
봄을 이기는 겨울 없다는데 따스함 이르기 멀었네

岑 봉우리 잠   **賒** 세낼 사, 멀 사   **惚** 황홀할 홀   **福草** 福壽草(복수초)   **廣漠** 넓고 아득함
平原 평평한 들판   **俯觀** 높은 곳에서 내려다봄   **驚蟄** 24절기 중 세 번째 절기

註解
55 봄날 등산

   春來不似春이라 했던가. 경칩이 내일모레인데 아침기온은 영하 5도를 오르내린다. 날씨 화창하여 친구들과 도봉산 등산을 하고 내려오는 중에 양지 바른 곳 낙엽 속에서 복수초가 노란 꽃술을 내밀고 있다. 그 자그마한 꽃 모습이 참으로 아름다웠다.
   산 정상에서 내려다보니 내 마음 황홀하였고 산에서 내려오는 중간 봉우리에서 사람들은 쉬면서 서로 체력을 과시하며 짙은 음담도 하면서 희희락락하는 모습 보기 싫진 않았네.
   勝春無冬. 봄을 이기는 겨울은 없다 하지 않았던가. 중부 지방에는 아직 매화가 피지 않았지만 남부지방에는 매화 밭에 꽃이 피어 향기를 머금고 있고 보리 밭과 마늘 밭에도 새싹이 파랗게 돋아나고 있다. 머지않아 이곳 중부 지방에도 따뜻한 봄이 와서 매화와 도리가 활짝 필 것이다.

56

黃昏餘生嗜 (황혼여생기)

황혼의 여생을 즐기다

靑春駒隙忽然離 (청춘구극 홀연리)
청춘은 구극처럼 홀연히 떠나버리고

宿昔朋眠莫限思 (숙석붕면 막한사)
멀지 않은 옛날에 잠든 벗 한없이 그립구나

日暮氣流頃未逗 (일모기류 경미두)
해가 져도 자연의 흐름은 잠시도 머물지 않는데

黃昏喘息害身衰 (황혼천식 할신쇠)
황혼 되니 숨차고 어느새 몸은 쇠하였네

過時活躍通恒少 (과시활약 통항소)
지난날 활약할 땐 항상 젊을 줄 알았건만

渦旋人居忘已耆 (와선인거 망이기)
삶의 소용돌이 끝나니 이미 늙어졌네

歲月夢如經一瞬 (세월몽여 경일순)
세월은 꿈같이 한순간에 지나갈 뿐

餘年不久嗜書詩 (여년불구 기서시)
얼마 남지 않은 여생 시와 서를 즐기리라

逗 머무를 두 **渦** 소용돌이 와 **旋** 돌 선 **害** 해할 해, 어느 할 **喘** 숨찰 천 **耆** 늙을 기
嗜 즐길 기 **宿昔** 그리 멀지 아니한 옛날
駒隙 망아지가 달리는 것을 문틈으로 본다는 뜻 (인생이나 세월이 덧없이 짧음을 이르는 말)

註解
56 黃昏餘生記 (황혼여생기)

    젊었을 적에 한창 활동할 때에는 청춘이라는 걸 모르고 일했다. 청춘이란 말 노인이란 말 이 모든 것 한번도 생각해보지 않고 언제까지나 이렇게 부지런히만 일한다면 모든 것이 해결되고 목표에 달성하리라 믿고 남들처럼 흔히 다니는 외국여행 한번도 다녀보지 않고 먹고 싶은 것 갖고 싶은 것 먹지 않고 갖지 않고 오로지 일에만 전념하면서 아끼고 절약하며 환갑 때까지 10억을 모으는 것이 내 목표였다.

    그러다 보니 환갑은 돌아왔고 돈도 10억이 모아졌다. 그러나 그때사 정신 차리고 거울 앞에 서서 내 몰골을 보니 청춘은 온데간데없고 주름진 얼굴과 탈모에 남은 머리카락은 은빛으로 반짝반짝 빛나 보일 뿐이었다. 정말 人生無常함을 다시 한번 느끼게 되는 순간이었다.

    宿昔朋眠(멀지 않은 옛날에 잠든 벗)이라 표현하였지만 이는 벗이 아닌 25년 전에 작고한 從弟와 13년 전에 작고하신 妹兄과 7년 전 甲午年에 작고한 舍弟(친동생)를 일컫는 말이다. 먼저 떠난 매형님과 동생들이 가끔씩 생각이 난다. 그럴 때마다 가슴 뭉클하게 찡하면서 한없이 그리웁고 보고파진다.

    해가 지고 달이 떠도 자연의 흐름과 인생의 늙음은 잠시도 멈추질 않고 흘러와서 삶의 소용돌이에서 벗어나서 이제 팔순을 바라보는 나이가 되니 숨도 차고 몸도 많이 쇠약해졌네. 세월은 유수와 같다고 하였던가?

    꿈같이 한순간에 지나가는 것이 세월이 아닌가 싶다. 이제 내가 살날이 얼마나 남았을지 모르지만 남은 여생 멋있게는 살지 못할지언정 內子와 함께 손자들 커 가는 모습 지켜보면서 오순도순 재미있게 살아가면서 취미생활로 詩와 書를 즐길 것을 다짐해 본다.

青春駒隙忽然離　宿昔朔眠莫限思
日暮氣流頭未逞　黃昏喘息害耳衰
過時活躍通恒少　過旋人居忘已耆
歲月夢如經一瞬　餘年不久嗜書詩

黃昏餘生耆　辛丑仲秋 松蒸 槿寧泰

시제 黃昏餘生嗜 (황혼여생기)

57

雨水 (우수)

和風未至近靑邱 (화풍미지근청구)
화풍은 청구 가까이에 이르지 못했건만

早綻梅香陋屋幽 (조탄매향 누옥유)
일찍 핀 매화 향기 누옥에 그윽하네

裸木襲寒逃獸峽 (나목습한 도수협)
나목에 한기가 엄습하니 골짜기 짐승들 달아나고

漢江解凍翥鷗洲 (한강해동 저구주)
한강에 얼음 녹으니 물가의 기러기 날아오르네

樹霜厚有東山頂 (수상후유 동산정)
상고대 두텁게 있으니 동산의 정상이고

玉屑餘存北麓頭 (옥설여존 북록두)
옥설이 남았으니 북록의 머리이네

雨水川魚常玩泳 (우수천어 상완영)
우수에 개천의 고기는 항상 헤엄치며 놀고

人望汝貌寸陰流 (인망여모 촌음류)
사람들 너의 모습 바라보느라 촌음이 흘러가네

翥 날아오를 저 **襲** 엄습할 습 **貌** 모양 모, 자태 모, 모습 모 **陋屋** 자기 사는 집을 겸손하게 이르는 말
樹霜 상고대 **玉屑** 옥을 부수어 만든 가루, 흰눈 **靑邱/靑丘** 예전에, 중국에서 우리나라를 이르던 말
人望 세상 사람이 우러르고 따르는 덕망 **裸木** 잎이 지고 가지만 앙상히 남은 나무

註解
57 우수

　임인년(2022년) 우수는 2월 19일이고 음력 1월 19일이다. 春來不似春 이란 말이 올해를 두고 하는 말인 것 같다. 오늘도 기온은 영하 5도 낮 최고 영상 2도이다. 내일은 더 추워져서 최저 −9도 낮 최고 2도이고 한파경보까지 내려졌다. 이런 날씨가 앞으로 5일 간 지속되다가 24일부터 아침 최저 −4도 낮 최고 +10도로 풀어진다고 한다.

　눈이 쌓여 있는 곳은 북쪽의 산기슭이고 동토는 아직 언제나 풀릴지 알 수 없네. 개천에는 아직 얼음이 꽁꽁 얼어 있고 우리 밭에 매화나무는 언제나 개화할지 이제 눈(嫩)이 조그마하게 맺기 시작 하는 것 같네.

　지난겨울은 유난히 춥고 눈이 조금밖에 오지 않아서 농작물 가뭄이 심할 것 같은데 봄비가 자주 와서 가뭄을 해소해 주길 바랄 뿐이다. 찬바람이 부니 나목의 나뭇가지에 스치는 바람소리가 피리 소리처럼 들리고 맑고 깨끗한 공기와 푸른 하늘은 오늘따라 그 어느 때보다 아름답고 청명해 보인다.

58

希望 (희망)

凌澌水底泳魚群 (능시수저 영어군)
얼음장 밑 물에는 고기떼가 헤엄치고

寒雪梅花綻蕊紋 (한설매화 탄예문)
한설에 매화는 문체의 꽃술을 터뜨리네

凍土麥根舒密氣 (동토맥근 서밀기)
동토에도 맥근은 기운차게 빽빽이 퍼져 있고

解氷大蒜發辛芬 (해빙대산 발신분)
해빙되니 마늘은 매운 향기를 발하네

絶望失敗有而惰 (절망실패 유이타)
절망과 실패는 게으른 데 있고

懇願成功爲勞勤 (간원성공 위노근)
성공이 간절하면 부지런히 노력하라

試鍊進堪希望視 (시련진감 희망시)
시련을 참고 견디어 나가면 희망이 보일 것이고

人生航路晃來昕 (인생항로 항래흔)
인생항로에 새벽이 밝아 올 것이다

凌 얼음 릉(능)   澌 성엣장 시, 유빙 시   紋 무늬 문, 문체 문   蕊 꽃술 예   芬 향기로울 분
綻 터질 탄   蒜 마늘 산   懇 간절할 간   堪 견딜 감   晃 밝을 황   昕 새벽 흔
凌澌 물 밑에서 굳어버린 물질, 얼음장   大蒜 마늘

註解
58 希望 (희망)

　차가운 얼음장 밑의 물고기는 생기가 넘치듯 헤엄을 치며 놀면서 자라고 눈보라 속에서도 매화는 꽃망울을 터뜨릴 준비를 하고 눈 덮인 겨울의 밭에서는 보리의 뿌리가 하얗게 뻗으면서 파란 싹들이 눈 속에서도 자라고 있고 마늘역시 동토의 땅속에서도 매운맛 향기를 지니며 초록빛 싹을 보여준다.

　인간은 작은 일에도 가끔 절망하고 삶의 끈기를 잃어버릴 때가 있는 것 같다. 사막의 뜨거운 고통 속에서도 오아시스를 찾는 동물들처럼 인간은 언제나 그렇다. 절망과 희망이 교차하고 절망은 희망의 어머니라고, 고통은 행복의 스승이라고 하지 않았던가. 시련 없이 성취는 오지 않고 갈고 닦지 않으면 아무리 명검이라 할지라도 날이 서지 않아 벨 수가 없는 것이다.

　길고 먼 고행길이라도 멈추지 말라. 항로의 파도는 높고 폭풍우 몰아쳐 배는 흔들려도 이 또한 한 고비 지나면 구름은 걷히고 태양이 다시 나타나고 고요한 뱃길 순항의 길이 열리는 것이다. 인간의 삶도 이와 비슷할 것이라 생각한다. 지금 어렵고 힘들다고 절망하지 말고 희망을 가지고 꾸준히 한층 더 분발하며 노력한다면 반드시 밝은 새벽이 올 것이다.

59

尹錫悅 大統領 就任 (윤석열 대통령 취임)

就任賢王慶祝剛 (취임현왕 경축강)
취임을 경축하고 강직하고 어진군왕으로

掃淸腐敗建邦匡 (소청부패 건방광)
부패를 소청하고 반듯한 나라 세우소서

外交鞏固疆希勁 (외교공고 강희경)
외교를 공고히 하여 강토를 견고히 하길 바라고

安保堅持社稷康 (안보견지 사직강)
안보를 굳게 지켜 사직을 편안케 하시라

正義完成千載鑑 (정의완성 천재감)
정의를 완성하면 천년의 거울이니

公平機會萬人張 (공평기회 만인장)
기회는 공평하게 만인에게 베풀어라

調和政局黎民樂 (조화정국 여민락)
조화로운 정국은 여민을 즐겁게 하고

協力同盟統一望 (협력동맹 통일망)
동맹국이 협력하면 통일을 기대하리라

勁 굳셀 경 **鞏** 굳을 공 **疆** 지경 강, 강토 강 **腐** 썩을 부 **鑑** 거울 감 **黎** 검을 여(려)
掃淸 휩쓸어 죄다 없애버림 **千載** 천년 **黎民** 예전에 민중이나 백성을 이르던 말

就任賢王慶祝剛掃淸腐敗建邦匡
外交鞏固疆圉勁安保堅持社稷康
正義完成千載鑑公平機會萬人張
調和政局黎民樂協力同盟統一望

祝 尹錫悅 大統領 就任 壬寅 初夏 松菴 權寧泰

시제 尹錫悅 大統領 就任

思慕吟 (사모음)

靑春華麗憶湮中 (청춘화려 억인중)
화려했던 청춘은 추억 속에 묻히고

宿昔離愁血肉逢 (숙석이수 혈육봉)
숙석에 슬프게 이별한 혈육 만나고 싶네

悽慟見更兄弟訣 (처통견경 형제결)
슬프고 서럽도다 다시 볼 수 있을까 헤어진 형제들

嗚呼尋曷至親崇 (오호심갈 지친숭)
오호라 언제나 찾을까 존중하는 지친을

只今愛樂浮雲似 (지금애락 부운사)
지금 애락은 뜬구름과 같고

過去悲哀朦霧同 (과거비애 몽무동)
과거의 비애는 흐린 안개와 한가지네

年久歲心思慕濬 (연구세심 사모준)
오랜 세월 사모하는 마음 깊어졌지만

於焉西側化身翁 (어언서측 화신옹)
어언 몸은 늙어 서산으로 기울게 되었네

湮 묻힐 인 **朦** 흐릴 몽 **霧** 안개 무 **濬** 깊을 준 **訣** 이별할 결 **宿昔** 멀지 않은 옛날
離愁 이별의 슬픔 **愛樂** 사랑스럽고 즐거운 일 **至親** 지극히 친함. 더할 수 없이 혈통이 가까운 사이
年久歲深 세월이 매우 오래됨. 오랜 세월 **思慕** 애틋하게 생각하고 그리워함

註解

60 思慕吟 (사모음)

　화려했던 청춘은 어디론가 사라져 버렸네. 이제 내 나이 80이 되고 보니 옛날이 자꾸만 그리워지는구나. 숙석인 26년 전에 세상을 떠난 종제와 15년 전에 작고하신 매형과 그리고 10년 전에 떠난 同生, 모두 너무 일찍 떠난 것이 너무나 안타깝고 가슴 아프다. 요즈음 같이 이렇게 살기 좋은 세상을 즐겁게 또한 맘껏 누려 보지도 못하고 너무 젊은 나이에 하늘나라로 떠났으니 한없이 보고 싶다.

　그러나 아무리 보고 싶어도 볼 수 없는 것이 현실이니 과거의 희비는 모두 묻어두고 앞으로 살아갈 날들을 생각하며 삶을 좀 더 보람되게 살고 싶어진다. 하지만 어느덧 몸은 서산으로 기울어지고 있으니 이를 어찌할까?

　세상만사 一生一死이거늘 그 무엇도 그 누구도 비껴갈 수 없는 것이 아닌가. 그러나 壽 다하는 날까지 움직일 수 있으면 그날까지라도 모든 것에 최선을 다하면서 살고 싶고 또한 그렇게 살 것이다.

61

二次癌鬪病 (2차 암투병)

丑年十月尿差疑 (축년시월 요차의)
신축년 시월 소변색이 다른 것을 의심하고

檢診腺癌確實知 (검진선암 확실지)
검진결과 전립선암임을 확실히 알았네

京大療治爲決定 (경대요치 위결정)
서울대병원에서 치료하기로 결정하고

醫師放射化依期 (의사방사 화의김)
의사는 방사선 치료가 적합하다고 해서 따랐네

腫腸不動苦辛襲 (종장부동 고신습)
대장이 부어서 움직이지 않아 고신이 엄습하였고

排泄非成疼痛隨 (배설비성 동통수)
배설이 되지 않아 동통이 따랐네

疾患後遺長慘腹 (질환후유 장참복)
방사선 치료 후유증으로 오래도록 배가 아팠으니

健康身體太持禧 (건강신체 태지희)
건강한 몸을 가진 사람이 큰 복일 것이다

禧 복 희 慘 참혹할 참, 혹독할 참 差 다를 차 苦辛 괴롭고 쓰라림 疼痛 몸이 쑤시고 아픔

註解
61 2차 암투병

　신축년 10월 어느날 소변을 보니 변기가 붉게 물들었다. 깜짝 놀라 다음날 경희의료원 비뇨기과에 가서 진료를 받았다. 혈액검사와 CT검사를 받으라 한다. CT 촬영은 2주 후에 예약되었고 혈액검사는 당일에 채혈하고 귀가하였다. 그 후 2주 동안 혈뇨는 보이지 않았다. 그래서 내 생각에 요로결석이 나오면서 피가 나온 것이 아닐까 싶은 생각이 들어 CT촬영 예약을 취소하고 혈액검사 결과만 보러갔다. 전립선암이라고 한다.

　초기에 발견이 되어서 다행이라고 하면서 암 전문의에게 이관시켜 주겠다고 한다. 그래서 나는 치료를 하든 수술을 하든 서울대병원으로 옮겨야 하겠다는 생각을 하고 서울대병원 암병원 비뇨암센터에 예약을 하고 진료를 받았다.

　2022년 3월31일 방사선 치료를 시작해서 하루 건너 한번씩 4월 11일 까지 5회를 받았다. 그 후 하복부가 아프고 便이 4일 동안 나오지 않았고 변이 조금 나올 때면 배가 몹시 아프고 식은땀이 온몸을 적신다. 吐瀉癨亂 때의 통증보다 더 심하다. 그래서 동두천 성모병원 가정의학과에 가서 진료, CT촬영 결과 방사선에 의한 합병증으로 장이 부어서 활동을 하지 못해서 그렇다고 하면서 특별한 약이 없으니 서울대병원에 가보라 한다.

　서울대병원 방서선과에 진료를 받았으나 역시 약은 없고 시간이 흘러야 낳는다고 한다. 이렇게 약 4주가량 아프다가 다시 상복부가 아프기 시작하면서 수시로 통증이 온다. 처음에는 약30분 단위로 아프더니 점점 횟수는 줄어들지만 두 달 이상 통증이 이어진다.

　텃밭에 일도 제대로 할 수가 없다. 조금 움직이면 기운이 없고 숨이 차고 힘이 들어 쉬어야만 했다. 나대신 아내가 일을 다 했다. 아내에게 미안하지만 아내는 나한테 아무 일도 하지 말라고 하면서 혼자 일을 하곤 하였다. 걸음도 제대로 걸을 수가 없다. 조금 빨리 걸으면 배에 통증이오고 또한 기운이 없어서 빨리 걸을 수도 없다. 내 나이 80이 되고 보니 그래도 나는 건강하다고 생각했는데 이번 암 치료를 받고 보니 정말로 건강이 무엇보다 소중하구나 라는 것을 느꼈다. 이걸 두고 불행 중 다행이라고 하는 걸까 암이란 통증이 없다. 암으로 인해서 피가 나왔다면 3기 또는 말기가 될 것이다. 다행히도 요로결석에 의한 혈뇨였기에 전립선암을 조기 발견할 수가 있어서 천만다행이고 불행 중 다행이 아닌가 싶다.

濟州旅行 (제주여행)

濟州農協旅行怡 (제주농협 여행이)
농협(조합)에서 제주에 여행 보내줘서 즐거웠고

疫病潛潛化解縻 (역병잠잠 화해미)
역병이 잠잠해지니 고삐가 풀리게 되었네

到處觀光充茗熙 (도처관광 충명희)
관광지 도처에는 차싹으로 채워져 빛나고

周邊名勝滿花麗 (주변명승 만화려)
명승지 주변은 고운 꽃들로 가득했네

森林鬱盛景嘉可 (삼림울성 경가가)
삼림이 울성하니 경치가 가히 아름답고

榧子蒼凉香好宜 (비자창량 향호의)
비자나무숲 창량하니 향기는 마땅히 좋았네

萬歲樂歡夫婦共 (만세락환 부부공)
오래도록 락환을 부부가 함께 해서

餘年遊覽享生嬉 (여년유람 향생희)
여년을 유람하며 즐거움 누리며 살리라

潛 잠길 잠 縻 고삐 미 茗 차싹 명 鬱 답답할 울 榧 비자나무 비 滄 큰바다 창
凉 서늘할 량(양) 嬉 즐길 희 榧子 비자나무 鬱盛 나무가 빽빽이 우거지고 성함
滄凉 푸르고 서늘함 樂歡 즐거워하고 기뻐함 萬歲 영원히 오래도록

註解
62 제주여행

　임인년(2022년) 6월 東豆川 農協에서 先進地 견학차 제주도에 여행을 갔다. 2泊3日 일정으로 6월 27일 6시에 농협 앞에 모여서 관광버스 두 대로 金浦空港에 가서 大韓航空 편으로 10시에 이륙해서 濟州空港에 도착했다. 코로나가 잠잠해지자 많은 국민들이 관광하러 몰려들어 김포공항도 발 디딜 틈 없이 북적거리더니 이곳 제주도는 더 복잡하다. 많은 인파를 뚫고 나가니 관광버스 두 대가 대기하고 있다. 버스에 승차해서 무지개도로를 거쳐서 점심 식사를 마치고 오후에 선녀와 나무꾼이라는 옛날 60년대 이전의 생활상과 그 당시 쓰던 생활용품 그리고 인형상을 만들어 함께 전시해 놓아서 옛날 나의 생활 모습이 새록새록 생각나게 하였다.

　둘째 날 스카이워터쇼 관람하고 榧子林을 가는 길에 구자읍 번흥로를 지나는데 도로 양옆으로 말 목장이 여러 곳에 있었다. 목장 면적은 1개소가 약 5,000평 정도 되는 것 같은데 말은 10頭 내외였다. 개인이 수익사업으로 하는 것 같지 않다. 제주도에서 관광목적으로 하는 것 같았다. 비자림에 도착하여 비자숲길을 걷는데 비자향이 물씬 풍기는 숲길을 40분 이상 걸었는데 공기가 상쾌하고 비자향이 너무 좋아서인지 힘든 줄 모르고 걸었다. 전립선암 방사선 치료 후 이렇게 빠르게 오랜 시간 걷기는 처음이다. 비자림의 비자목은 樹齡이 500년에서 800년 되는 나무가 약 2,800여 그루나 된다고 하는 울성한 숲을 이루고 있어 정말 명승지였다. 곶자왈의 애코랜드에서 주변의 자연과 湖水와 꽃(수국)이 한데 어우러져 장관을 이루었다. 亂打관람하고 족욕을 하는 것으로 둘째 날 관광을 마무리하였다.

　셋째 날은 西歸浦의 토산품 판매장 쇼핑하고 손자들 주려고 간단한 선물 하나씩 사고 서귀포 선착장에 가서 유람선 파라다이스호를 타고 왕복 40분

간 유람하였다. 냇물이 바다로 들어오면서 폭포를 이룬 정방폭포 높이가 무려 20m나 된다고 한다. 12시에 중식하고 3시 20분에 이륙하는 비행기로 歸家했다. 벌써 내 나이 80인데 앞으로 오랫동안 아내와 함께 남은 여생 유람하면서 즐기면서 살아야 하겠다는 생각을 하게 되었다.

　방사선 치료를 받고 후유증으로 많이 고생해서 관광에 합류하기가 어렵지 않겠나 생각했는데 다행히도 다른 사람들보다 뒤처지지 않고 잘 어울려 다니고 2박 3일 동안 관광하며 다녀도 몸에 전혀 이상이 없이 잘 다니고 음식도 잘 먹고 관광을 힘들지 않고 잘 하였다.

老年日居月諸 (노년일거월저)

焉來去步乍停思 (언래거보 사정사)
어디쯤 왔는지 가던 걸음 잠시 멈추고 생각해 보니

經道無知前莫知 (경도무지 전막지)
지나온 길 알 수 없고 앞길도 알 수 없네

昔日少壯猶溢力 (석일소장 유일력)
석일에는 소장으로 오히려 힘이 넘쳤는데

今時年老害憔衰 (금시연로 할초쇠)
금시 연로하여 어느새 초췌하고 쇠약해졌네

暫間世上休恩布 (잠간세상 휴은포)
이 세상 잠깐 쉬어 가는 것이니 은혜를 펼치고

瞬息人生歷德施 (순식인생 역덕시)
인생은 순식간이니 덕을 베풀며 세월 보내리

重要健康誰有感 (중요건강 수유감)
건강의 중요함 누구나 느낄 수 있는데

嗚呼傘壽啻安期 (오호산수 시안기)
오호라 팔십이 되니 편안함만 바랄 뿐이네

諸 모두 제, 어조사 저 **害** 해할 해, 어느 할 **憔** 파리할 초 **傘** 우산 산 **啻** 뿐 시
昔日 많은 세월이 지난 오래전 때 **少壯** 젊고 기운참 **日居月諸** 쉬지 않고 가는 세월
憔衰 초췌하고 쇠약함 **嗚呼** 슬프도다 **傘壽** 나이 팔십을 달리 이르는 말

註解

63 노년의 일거월저

  어디쯤 왔을까? 가던 길 잠시 멈추고 뒤돌아보니 걸어온 길 모르듯 앞으로 갈 길도 알 수가 없네. 한평생 살아오면서 내 삶을 사랑했을까 아님 지금도 삶을 사랑하고 있을까?

  어느 자리 어디서나 누구를 대할 때 내세울 만한 번듯한 명함 하나 없이 한세상을 지내온 구차한 노인이 되고 말았네. 옛날 젊었을 땐 기운이 넘쳐났건만 어느새 노옹이 되어 초췌한 모습으로 쇠약해져 있네.

  이제 어디로 흘러갈 것인가? 걱정하지 말자! 바람 부는 대로 물결치는대로 조용히 흘러가련다. 하지만 아쉬움이나 미련도 그리움으로 간직하면서 이미 겨울의 서산에 당도했으니 오늘은 이러했고 내일의 일은 또 알 수 없으니 항상 그러하려니 하면서 모든 것 체념하고 지나가자. 겨울을 느끼고 지나면 봄은 오기 마련이지만 인생의 겨울은 떠나지 않는다네.

  이 세상 잠깐 들러 쉬어 가는 것이니 살면서 욕심껏 채우려 탐하지 말고 은혜를 펼치면서 살아야 한다네. 삶이란 순식간에 지나가니 덕을 베풀면서 살아도 짧은 시간이건만 유수 같은 세월이니 순리로 天道를 따라 거슬리지 않고 人倫을 지키며 살아야 할지어다.

  건강의 중요함을 느낄 때쯤이면 이미 건강이 무너지기 시작하고 나 자신을 알 때쯤이면 많은 것을 잃게 되었다네. 흐르는 강물도 흐르는 세월도 막을 수도 잡을 수도 없으니, 嗚呼(오호)라 내 나이 벌써 팔십이 되어 투병생활하다 보니 心身이 편안함만 바랄 뿐이네.

擇友 (택우)

親友恒多益友鮮 (친우항다 익우선)
친한 벗은 항상 많으나 유익한 벗은 드무니

每常交莫擇明賢 (매상교막 택명현)
함부로 교제 말고 밝고 어진 사람 택하라

巷間艮得惟知己 (항간간득 유지기)
항간에 깨닫기 어려운 것은 오직 지기이고

天下容失始覺權 (천하용실 시각권)
천하에 쉽게 잃는 것은 권력임을 깨달았네

蓬在麻田麻與直 (봉재마전 마여직)
삼밭에 있는 쑥은 삼과 더불어 곧아지고

絲偕墨庫墨如玄 (사해묵고 묵여현)
먹장에 함께 있는 실은 먹과 같이 검어진다

甘言利說平生戒 (감언이설 평생계)
감언이설은 언제든지 경계하고

獨愼人情有揀施 (독신인정 유간시)
독신하면서 인정을 베풀 수 있는 자를 가려라

蓬 쑥 봉 麻 삼 마 揀 가릴 간 艮 어려울 간 每常 평상시, 함부로
知己 자기의 속마음 참되게 알아주는 친구 巷間 일반 사람들 사이 獨愼 혼자서 스스로 근신함

65

秋吟 (추음)

爽秋我問處何來 (상추아문 처하래)
내가 묻노니 상추는 어찌하여 왔는고

深夜吟詩復願回 (심야음시 부원회)
심야에 시 읊으며 다시 돌아오길 바랐네

樹木降霜紅染綠 (수목강상 홍염록)
수목에 서리 내려 푸르름이 붉게 물들고

山花吐馥變凋瑰 (산화토복 변조괴)
산화는 향기 토하고 시들어 변해도 아름답네

翻翻雁陳檻看倚 (번번안진 함간의)
나부끼며 날아가는 기러기떼 난간에 기대어 보며

唧唧蛬音窓聽開 (즉즉공음 창청개)
즉즉 우는 귀뚜라미 소리 창문 열고 듣는다네

落葉金風蕭瑟感 (낙엽금풍 소슬감)
가을바람에 낙엽 지니 소슬함 느껴지고

傾杯賞景興於催 (경배상경 흥어최)
경치 감상하며 술잔 기울이니 흥취가 절로 나네

馥 향기 복　**凋** 시들 조　**瑰** 불구슬 괴, 아름다울 괴　**爽** 상쾌할 상　**翻** 나부낄 번　**檻** 난간 함
唧 두런거릴 즉, 벌레소리 즉　**蕭** 쓸쓸할 소　**爽秋** 상쾌한 가을　**蛬音** 귀뚜라미 울음소리
雁陳 떼 지어 날아가는 기러기 행렬　**蕭瑟** 으스스하고 쓸쓸하다　**金風** 가을바람

爽秋我問豪何來 深夜吟詩復
顧回樹木降霜紅變綠山蒼吐
馥染凋瑰翻鴈陣檻香倚唧恐
音窓聽開落葉金風蕭瑟感傾
杯賞景興於催

壬寅晩秋題秋吟
松蕃梈寧泰幷書

시제 秋吟 (추음)

66

獨秀松柏 (독수송백)

數千樹種柏松丕 (수천수종 백송비)
수종이 수천이나 송백이 으뜸이니

是木人間謂宗師 (시목인간 위종사)
이 나무가 인간이라면 종사라 이를 것이다

旋繞靑峰如茂葉 (선요청봉 여무엽)
청봉을 에워싸니 잎도 무성하고

懸崖直立似祁枝 (현애직립 사기지)
가파른 언덕에 곧게 서서 가지도 성하네

深山暴雪崧誇在 (심산폭설 숭과재)
깊은 산 폭설에도 우뚝 솟아 뽐내고

峻岳寒風綠衒支 (준악한풍 록현지)
준악의 한풍에도 푸르름을 자랑하며 버티네

高嶺淸天孤獨秀 (고령청천 고독수)
높은 고개 맑은 하늘에 홀로 외롭게 빼어나고

森林精氣受消疲 (삼림정기 수소피)
삼림의 정기 받아 피곤함 사라졌네

丕 클 비   懸 달 현   崖 언덕 애   祁 성할 기   崧 우뚝 솟을 숭   疲 피곤할 피   峻 높을 준
衒 자랑할 현   繞 두를 요   高嶺 높은 고개   峻岳 높고 험한 산
宗師 모든 사람이 높이 우러러 존경하는 사람

시제 獨秀松柏 (독수송백)

內子自誇 (내자자과)
아내를 자랑하다

家庭和睦女心明 (가정화목 여심명)
가정화목은 여자의 마음이 밝아야 하고

內子性情重要誠 (내자성정 중요성)
아내는 성정과 정성이 중요하네

欌籠錦衣存挂瀞 (장롱금의 존괘정)
장롱에는 금의가 깨끗하게 걸려 있고

寢臺衾枕置齋精 (침대금침 치제정)
침대에는 금침이 정하게 가지런히 놓여 있네

童孩寵愛綽言曉 (동해총애 작언효)
총애하는 아이들 말은 밝고 유순하여

父母威嚴隨意晴 (부모위엄 수의청)
위엄한 부모의 맑은 뜻 따르네

爲族獻身生活陟 (위족헌신 생활척)
가족 위해 헌신하니 생활이 나아지고

苦難忍耐事諸亨 (고난인내 사제형)
고난을 인내하니 모든 일이 형통하네

欌 장롱 장 **籠** 대바구니 롱 **瀞** 깨끗할 정 **綽** 너그러울 작, 유순할 작 **挂** 걸 괘 **寵** 사랑할 총
晴 갤 청 **獻** 드릴 헌 **陟** 오를 척 **曉** 새벽 효, 밝을 효 **性情** 타고난 본성

註解
67 內子自誇

　　아내의 성격은 항상 밝아 가정이 화목하고, 모든 것을 정성을 다해서 알뜰히 잘 챙겨놓아 장롱 문 열면 옷과 양말 속옷까지 깔끔하게 정리되어 있어서 그날의 취향에 맞게 골라 입을 수 있고 사랑하는 아이들도 밝고 유순하게 자라서 부모 말 잘 듣고 공부도 항상 열심히 해서 학교에서 상위권에 들었네.
　　나도 아내도 아이들에게 잔소리 하지 않고 나 역시 아내에게 시시콜콜 잔소리 하지 않았고 사리에 틀린 말이나 행동은 하지 않았네.
　　아내의 가족 위한 헌신은 모든 것을 아이들과 남편을 먼저 생각하고 맛있는 음식이나 과일이 생기면 먹지 않고 기다려서 아이들과 내가 돌아와야만 먹는다. 누구나 자식과 남편 위해 아내의 역할 충실하겠지만 나의 아내는 독하리만큼 자식 먼저 남편 먼저이다.
　　아내 자랑하면 칠푼이라 했던가? 나는 8대 종손이고 아내는 8대 宗婦이다. 따라서 제사도 4대 봉제사를 하니 일 년에 제사가 10번이나 된다. 게다가 음력 10월이면 墓祀를 봉행한다. 그러니 제사가 일 년에 11번이다. 그 모든 것을 아내 혼자서 힘들다는 내색 없이 다 했다. 제수씨가 두 분이 있으나, 와서 도와주긴 하지만 손님이다.
　　이렇게 인고의 세월을 보내고 며느리를 맞았으나 가문의 풍습이 달라서 며느리는 어려움이 많았을 것이다. 또한 공무원이라 출근을 해야 하니 밤에 제사 지내고 출근하기가 엄청 힘이 드는 것 같아 제사를 줄이기로 생각했다.
　　高祖考와 高祖妣는 埋魂하고 증조고와 증조비는 考位 忌日에 合祀를 하고 祖考와 祖妣도 合祀를 하여 4번으로 줄였다. 자손 된 도리가 아니다. 하지만 현실이 이렇게 하지 않으면 안 될 것 같아서 苦肉之策이었다. 이렇게라도 성심을 다해 奉祭祀를 한다면 祖上任들도 용서해 주시지 않을까 생각이 된다.

68

同氣莫背叛 (동기 막배반)

凌非同氣乏慈仁 (능비동기 핍자인)
동기가 가난해도 업신여기지 말고 자인해야 하고

勤儉爲先自彊眞 (근검위선 자강진)
근검을 첫째로 하여 진실로 자강해져야 하네

骨肉貧窮疏莫叛 (골육빈궁 소막반)
빈궁한 골육을 배반하여 소홀히 하지 말고

他人富者佞毋遵 (타인부자 영무준)
타인 부자를 따라 아첨하지 말라

只今艱苦禔期歲 (지금간고 제기세)
지금 간고하지만 행복한 세월 기대하면

後日悠然盛啓晨 (후일유연 성계신)
후일에 유연하고 성대한 새벽 열리리라

世世陽春佳節續 (세세양춘 가절속)
대대로 양춘가절이 이어져서

吾門相助追天倫 (오문상조 추천륜)
오문은 서로 도와 천륜을 따르리라

乏 가난할 핍 凌 업신여길 능 啓 열 계 禔 복 제 疏 소통할 소, 성길 소 遵 쫓을 준
艱苦 가난하고 고생스러움. 慈仁 자애롭고 인자함 悠然 침착하고 여유있다
自彊 스스로 힘써 몸과 마음을 가다듬다 陽春佳節 따뜻하고 좋은 봄철

凌非同氣之慈仁勤儉爲先自
彊眞骨肉貪窮疏不叛他人富
耆倭母遷只今艱苦禔期歲後
日悠然盛殷晨迚世陽睿佳節
續吾門相貶追天倫

시제 同氣莫背叛

人生無常 (인생무상)

人生傘壽可無常 (인생산수 가무상)
인생 팔십이면 가히 무상이로다

流水飛經勢莫音 (유수비경 세막음)
유수 같은 세월은 소리 없이 빨리도 지나가네

落葉秋風飄颺舞 (낙엽추풍 표양무)
낙엽은 추풍에 날려 춤추고

百花春暖滿開斟 (백화춘난 만개짐)
백화도 따뜻한 봄이면 만개하리라 짐작하네

存難世波勿尤孰 (존난세파 물우숙)
세파의 어려움 있어도 누구를 탓하지 말고

過瀑平郊恬愈今 (과포평교 념유금)
소나기 지나간 평교에는 금세 조용해지네

日暮事爲多悉豈 (일모사위 다실기)
날은 저물고 할 일은 많으니 어찌 다 할꼬

衰翁那活想沈深 (쇠옹나활 상침심)
쇠옹은 어떻게 살까 깊은 생각에 잠기네

瀑 폭포 폭, 소나기 포   飄 나부낄 표   颺 날릴 양   舞 춤출 무   斟 짐작할 짐   拓 넓힐 척, 헤칠 척
恬 고요할 념   尤 더욱 우, 탓할 우   愈 병나을 유, 더욱 유   悉 다 실   飄颺 바람에 날림
衰翁 노인   平郊 들 밖, 성문 밖의 넓고 평평한 들   無常 모든 것이 덧없음

註解
69 인생이 덧없음

　인생 팔십이면 가히 감정이나 생각하는 마음이 변화하여 멀어지는 것 같고 세월은 흐르는 물과 같이 소리 없이 빨리도 지나가니 그것이 내 모습 같고 저무는 해 역시 내 마음 같으네. 둥근 돌이 처음부터 둥글게 생기지 않았을 것이네. 세파와 풍파에 깎여서 그렇게 생겼을 것이다.

　세상 모든 것이 공연히 또는 우연히일 수가 없을 것이다. 내 나이 팔십이 되고 보니 세상사 모질고 또한 거친 풍파를 겪고 여기까지 왔으니 누구를 탓하고 무엇을 더 이상 탐하리.

　한평생 살면서 옳은 친구 한 명만 있어도 성공한 삶을 살았다고 한다는데 과연 나는 그럴까. 공자가 말씀하시기를 酒食兄弟는 千個有로대 急難之朋은 一個無라 (밥 먹고 술 먹는 형제는 천 개가 있으되 급할 때 친구는 한 개도 없다) 하였으니 그 말씀이 딱 맞는 것이 아닌가.

　이 세상 잠시 쉬었다 가는 인생 사랑하는 사람(아내, 남편)보다 더 소중한 사람이 있을까? 날은 저물고 갈 길은 얼마나 남았는지 모르지만 무엇을 어떻게 하면서 살아야 작게나마 보람된 삶을 살았다고 할 수 있을는지.

　나도 이제 늙긴 늙었나 보네. 작년까지만 해도 내가 노인이라는 생각을 해보지 않았는데 요즈음 들어서는 내 삶을 비관하는 마음과 인생의 무상함을 자주 느끼게 되니 지금까지 살아온 것에 감사하고 만족해야 할 것이다.

70

吾唯知足 (오유지족)

我持滿滿他貪無 (아지만만 타탐무)
내가 가진 것에 만만하고 남의 것 탐함이 없고

孰眼漣悲不化謨 (숙안연비 불화모)
누구 눈에 슬픈 눈물 흘리지 않게 꾀하였네

至愛膺擁雲去汩 (지애응옹 운거율)
지애를 가슴에 안고 구름처럼 흘러가고

仁慈心性水深湖 (인자심성 수심호)
인자한 심성은 호수의 물처럼 깊네

錢多富裕存怊亂 (전다부유 존초란)
돈이 많아 부유해도 그도 슬픔과 어려움 있고

玉瑕剛堅有痛孤 (옥하강견 유통고)
옥에도 티가 있듯 강견해도 외롭고 아픔이 있다네

讓步宣騰儲德活 (양보선등 저덕활)
양보하고 베풀고 비우면서 덕을쌓고 살면서

吾唯知足 語村夫 (오유지족 어촌부)
오유지족을 촌부는 말하네

漣 잔물결 련(연), 눈물 흘릴 련 膺 가슴 응 擁 낄옹, 안을 옹 瑕 옥의 티 하 汩 흐를 율 歆 흠향할 흠, 부러워할 흠 怊 슬퍼할 초 騰 오를 등, 비울 등 儲 쌓을 저 滿滿 가득하거나 넉넉함 至愛 더없이 깊은 사랑 吾唯知足 나는 오직 만족할 줄 안다 剛堅 세고 단단하다 玉瑕 옥에도 티가 있다

註解
70 오유지족이란?

  내가 가진 것만큼으로 만족하고 남이 가진 것을 탐내지도 부러워하지도 말라. 다른 사람 누구 하나 마음 아프게 아니하고 누구 눈에 슬픈 눈물 흐르게 하지 않아야 하고 오직 사랑이라는 두 글자를 가슴에 안고 물 흐르듯 구름 가듯 그냥 그렇게 살아가는 것이 여유 있는 삶이고 만족한 삶이 아닌가 생각된다.

  남들은 저렇게 부자로 잘 사는데 하며 비교하면서, 나는 언제나 저렇게 살까 부러워 하지 말라. 그러나 끝없이 꾸준히 노력하면 남부럽지 않은 삶을 살 수 있을 것이다.

  옛말에 "열 석 가진 사람은 열 가지 걱정 백 석 가진 사람은 백 가지 걱정 천 석 하는 사람은 천 가지 걱정이 있다"고 한다. 깊이 알고 보면 그 사람은 그 사람 나름대로 삶에 고통도 있고 근심 걱정도 많을 것이다.

  옥에도 티가 있듯이 이 세상에 완벽이란 것은 없을 것이다. 이름을 크게 남기지 못하더라도 가는 길 뒤편에서 손가락질하는 사람이나 없도록 허망한 탐욕일랑 버리고 베풀고 비우고 양보하고 덕을 쌓으면서 살아가는 것과 현실에 만족하는 것이 오유지족이 아닐까 싶네.

71

詠 野生花草 (영 야생화초)

君希慾望滿開爲 (군희욕망 만개위)
그대가 바라는 욕망은 만개를 위함이고

爾眺前人微笑蕤 (이조전인 미소유)
너를 바라보는 사람 앞에선 미소로 장식하라

落照氣淸眠鳥獸 (낙조기청 면조수)
낙조의 맑은기운에 조수들 잠자고

曉晨勝暗發花梨 (효신승암 발화이)
새벽엔 어둠을 이기고 배꽃은 피었네

輝煌色彩裸瞻木 (휘황색채 나첨목)
휘황한 색채에 벌거벗은 나무만 보이고

燦爛丹霞峰掛枝 (찬란단하 봉괘지)
찬란한 단하는 봉우리 나뭇가지에 걸렸네

嫩葉野生寒懼逼 (눈엽야생 한구핍)
야생의 어린 잎은 추위 닥칠까 두려워하고

春風萬物至伸宜 (춘풍만물 지신의)
만물은 춘풍에 기지개 켜기에 이르렀네

蕤 꽃 유, 장식 유 **眺** 바라볼 조 **曉** 새벽 효 **裸** 벌거벗을 나 **燦** 빛날 찬 **爛** 빛날 란
霞 노을 하 **掛** 걸 괘 **嫩** 어릴 눈 **逼** 닥칠 핍 **曉晨** 먼동이 트려 할 무렵
輝煌 광채가 눈부시게 나다 **丹霞** 붉은 빛의 운기, 노을

註解
71 詠 野生花草

　그대(꽃)가 바라는 욕망은 활짝 피는 것이니 인간의 삶도 활짝 피어 부족함 없이 사는 것이 인간이 바라는 욕망이다. 정원에서 너를 바라보는 사람 앞에서는 엷은 미소로 답하라. 그러다 보면 어느덧 해는 너울너울 서산으로 넘어 가려 하니 새들도 둥지를 찾아가서 잠을 청하려 하는구나. 새벽이 되니 캄캄하던 밤의 어둠을 뚫고 배밭의 배나무 가지에는 꽃이 피어나기 시작하네.

　그대가(꽃) 비록 휘황한 색채를 발하는 꽃이라 하더라도 아직은 벌거벗은 나무들만 보이는데 찬란한 붉은 저녁노을은 산봉우리 나뭇가지에 걸려 희미하네.

　광야의 초목에는 어린 싹이 추위가 닥칠까 두려워하지만 만물은 봄바람에 비로소 기지개를 켜기에 이르렀네.

君希欽望滿開為介眺前人微
芙蕖滀照氣清眠鳥猷曉晨滕
暗發蒼梨輝煌色彩裸瞻木燦
爛丹霞峯掛枝嫩葉竪生寒懼
逼春風萬物至伸宜

詠野生花草
松堯授寧泰丹書

시제 詠 野生花草

黃昏 (황혼)

五齡八旬越諸空 (오령팔순 월제공)
내 나이 팔순을 넘으니 모든 것이 공허하고

過日行雲流水同 (과일행운 유수동)
지난날은 떠가는 구름과 흐르는 물 같았네

世上暫間休布義 (세상잠간 휴포의)
이 세상 잠깐 쉬었다 가니 의로움 펼치면서

人生草露似消風 (인생초로 사소풍)
인생이란 풀잎의 이슬 같아 바람처럼 사라지네

虛無冀夢非成老 (허무기몽 비성노)
허무한 꿈 바라는 노인이 되지 아니하고

孟浪期望棄化翁 (맹랑기망 기화옹)
맹랑한 기망 버릴 줄 아는 늙은이 되라

逢悅訣悲全一瞬 (봉열결비 전일순)
만남의 기쁨도 헤어짐의 슬픔 모두 한순간이니

黃昏美德健居終 (황혼미덕 건거종)
황혼을 미덕으로 마칠 때까지 건강하게 살자

冀 바랄 기 **浪** 물결 랑 **悅** 기쁠 열 **瞬** 깜짝일 순 **虛無** 아무것도 없이 텅 빔
期望 어떠한 일이 이루어지길 바람 **孟浪** 생각하던 바와 달리 허망하다 **美德** 아름답고 갸륵한 덕행

註解
72 황혼

   내 나이 팔십이 넘으니 지난날이 모두 떠가는 구름 같고 흐르는 물 같아 공허할 뿐이네. 잠시간 다니러 온 이 세상, 있고 없고 편 가르지 말고 잘살고 못사는 것 평가하지 말고 얼기설기 어우러져 살다 가세.

   만남의 기쁨이건 이별의 슬픔이건 모두가 한순간이라네. 사랑이 아무리 깊어도 산들바람이고 외로움이 아무리 심해도 눈보라일 뿐이고 폭풍이 몰아쳐도 지난 뒤엔 고요하듯 인생이란 풀잎에 맺혀있는 이슬과 같다네. 아침 풀잎에 맺혀있는 이슬은 햇볕이 나면 흔적도 없이 사라지니 이렇게 허무하게 가는 인생인데 무엇을 그렇게 잡으려 애쓰고 집착하는가.

   인간의 노화는 의술로도 막을 길이 없으니 그래서 늙어갈수록 허무하고 맹랑한 꿈은 바라지 않는 노인이 되고 노화를 아름답고 우아하게 바꾸려는 노력이 중요할 것이다.

   비가 와도 그치지 않는 비는 없고 바람이 아무리 불어도 멈추지 않는 바람 없듯이 꽃이 아무리 아름답고 예쁘게 피어 있어도 지지 않는 꽃은 없다. 이 세상 그 무엇도 영원한 것은 없다.

送寅迎卯 (송인영묘)
임인년을 보내고 계묘년을 맞이하며

多難送虎卯年迎 (다난송호 묘년영)
다사다난했던 범의 해 보내고 토끼해 맞으니

政府唯望經濟盛 (정부유망 경제성)
정부는 오직 경제가 성하기를 바라네

黑帝災殃驅發去 (흑제재앙 구발거)
겨울신은 재앙을 몰고 떠나가고

靑皇布德福來呈 (청황포덕복래정)
덕을 펴는 봄신이 복을 주려고 온다네

驅 몰 구 **呈** 드릴 정 **臘** 섣달 납 **黑帝** 오방신장의 하나. 겨울을 맡은 북쪽의 신
靑皇 오방신장의 하나. 봄을 맡고 있는 동쪽의 신

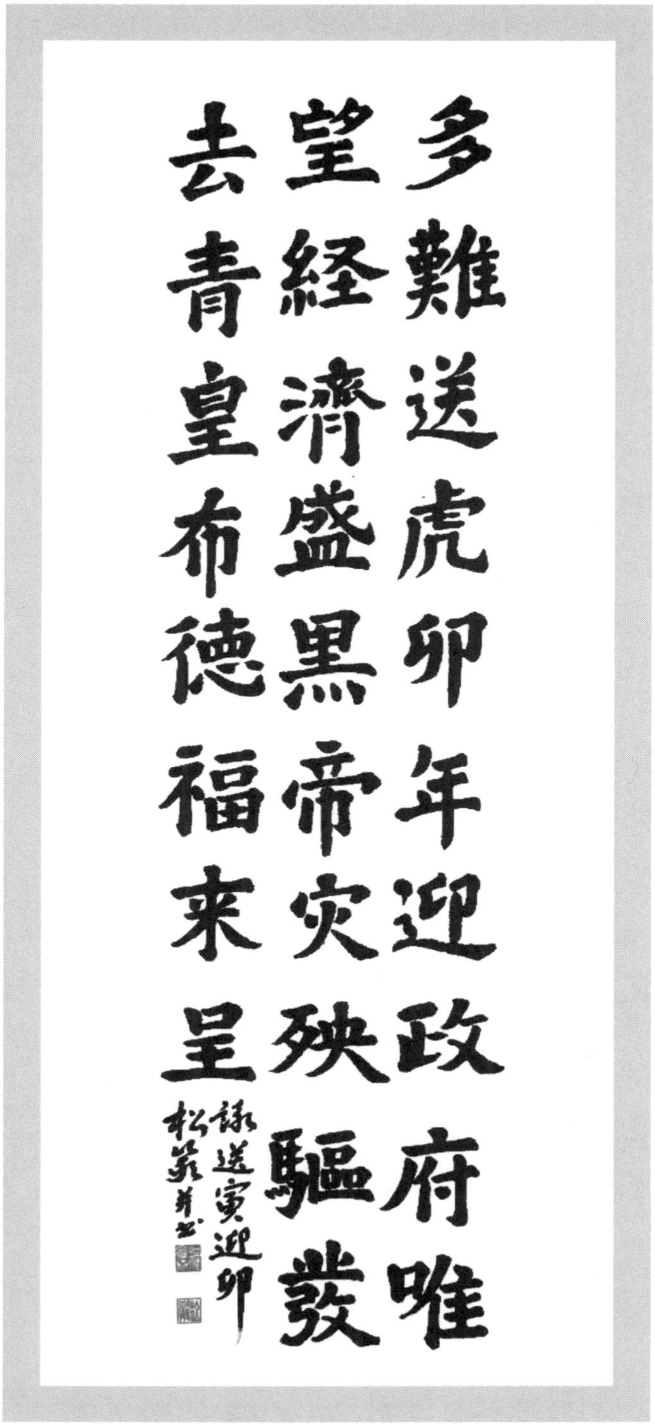

多難送虎卯年迎政府唯
望経濟盛黑帝災殃驅毀
去青皇布德福來呈

시제 送寅迎卯

春花 (춘화)

解凍綻花爰 (해동 탄화원)
해동되니 곧 꽃이 필 것이고

奄開石棗原 (엄개 석조원)
문득 언덕에는 산수유가 피었네

木蓮庭內凄 (목련 정내처)
목련은 뜰 안에 쓸쓸하고

山鳥谷中喧 (산조곡중훤)
산새는 골짜기에서 지껄이네

躑躅無生麓 (척촉 무생록)
진달래 산기슭에서 나지 않았는데

連翹滿發園 (연교 만발원)
개나리는 동산에 만발하였네

鶯歌摛廣野 (앵가 리광야)
꾀꼬리 노랫소리 광야에 퍼지고

播種望農村 (파종 망농촌)
농촌에선 희망의 씨를 뿌리네

棗 대추 조 **爰** 이에 원 **凄** 쓸쓸할 처 **喧** 지껄일 훤 **躑** 머뭇거릴 척 **躅** 머뭇거릴 촉
鶯 꾀꼬리 앵 **摛** 퍼질 리 **翹** 꽁지깃 교 **連翹** 개나리 **石棗 山茱萸**(산수유)
鶯歌 꾀꼬리 노랫소리 **躑躅** 진달래

解凍綻苍爰奄開石棗原
木蓮庭內凄山鳥音中喧
躑躅無生蘗連翹滿發園
鶯歌擒廣堅播種望農村

壬寅孟春 春花 松菴 權寧泰

시제 春花

夕陽 (석양)

年深歲久異胸身 (연심세구 이흉신)
세월이 오래되니 몸과 마음 다르고

衰老當然不便遵 (쇠노당연 불편준)
쇠노에 따르는 불편함 당연하네

尊重靑年爲最好 (존중청년 위최호)
젊은이를 존중하는 것이 가장 좋은 것이고

批評後世莫長新 (비평후세 막장신)
후세를 비평하지 말고 항상 새로워져라

關心社會調和遍 (관심사회 조화편)
사회의 관심을 두루 조화롭게 하고

趣味吾人活用均 (취미오인 활용균)
나의 취미를 고루 활용 하리라

江水無風如鏡淸 (강수무풍 여경청)
강물에 바람 없으니 거울같이 맑은데

夕陽霞掛遠山榛 (석양하괘 원산진)
석양의 노을은 먼산 덤불에 걸렸네

癸卯暮春

遍 두루 편 霞 노을 하 掛 걸릴 괘 榛 개암나무 진, 덤불 진 遵 따를 준
歲久年深 세월이 매우 오래됨 衰老 늙어서 몸이 쇠약해짐

註解
75 석양

　세월이 如流(여류)하여 八旬을 넘어 노쇠하니 몸은 내 마음과 내 뜻대로 움직이지 않으니 불편함과 고통이 따르는 것은 당연한 것이네. 젊은 세대들에게 훈계하려 하지 말고 그들의 말 귀담아 듣고 뜻을 존중하는 것이 가장 좋은 것이고 아무리 老獪(노회)하다 해도 후세 사람들 평가하지 말고 그들이 하는 말 인정하고 항상 새롭게 고쳐나가는 것이 좋을 듯 하네요.

　또한 사회의 관심사는 노령 인구가 점점 늘어만 가서 초고령사회가 되는 것이다. 따라서 건강하려면 취미 생활로 활력을 찾아 즐길지어다. 건강이 최고인지라 건강하게 사는 것이 점점 어려워지는 나이니 건강지키는 것을 최우선으로 하라. 마음이 젊으면 언제나 청춘이다. 세월의 포로가 되어 있지 말고 세월의 흐름에 따라 주인공으로서 순응해 나가시라.

　바람이 불지 않고 고요하니 강물은 거울과 같이 맑으나 언제까지나 고요할 수 없을 것이고 靑天에 석양의 노을은 서산마루 나무 덤불에 걸렸으나 오래 있지 않고 곧 사라질 것이다.

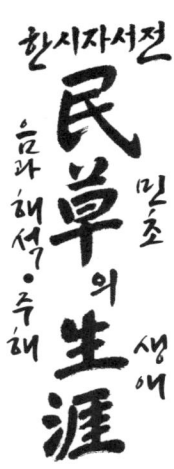

발 행 일 | 2023년 8월 30일
글 쓴 이 | 권영태
펴 낸 곳 | 에디아
주   소 | 04557 서울시 중구 퇴계로37길 14 기종빌딩 6층
전   화 | 02-2263-6321
팩   스 | 02-2263-6322
등록번호 | 제1996-000115호(1996.7.30)

ISBN • 978-89-87977-54-6 03810

*값은 뒤표지에 있습니다.